北京高等学校教育教学改革项目（项目号：2013-yb003）

文科高职课程设计研究

李 勤 著

知识产权出版社

全国百佳图书出版单位

图书在版编目（CIP）数据

文科高职课程设计研究/李勤著. —北京：知识产权出版社，2017.5
ISBN 978-7-5130-4859-0

Ⅰ.①文…　Ⅱ.①李…　Ⅲ.①文科（教育）—课程设计—研究—高等职业教育
Ⅳ.①G648.2

中国版本图书馆 CIP 数据核字（2017）第 075160 号

内容提要

高职教育课程设计从宏观上来说决定了一所职业院校的教育发展方向，从微观上来说决定了一个专业的人才培养模式、一类课程或者一门课程的教学内容和教学模式。鉴于此，做好课程体系的构建工作就成为职业教育发展的重要任务之一。

责任编辑：卢媛媛　　　　　　　　责任出版：孙婷婷

文科高职课程设计研究
WENKE GAOZHI KECHENG SHEJI YANJIU
李　勤　著

出版发行：知识产权出版社 有限责任公司	网　　址：http：//www.ipph.cn
	http：//www.laichushu.com
电　　话：010-82004826	
社　　址：北京市海淀区西外太平庄 55 号	邮　　编：100081
责编电话：010-82000860 转 8597	责编邮箱：31964590@qq.com
发行电话：010-82000860 转 8101/8029	发行传真：010-82000893/82003279
印　　刷：北京中献拓方科技发展有限公司	经　　销：各大网上书店、新华书店及相关专业书店
开　　本：720mm×960mm　1/16	印　　张：10
版　　次：2017 年 5 月第 1 版	印　　次：2017 年 5 月第 1 次印刷
字　　数：130 千字	定　　价：45.00 元

ISBN 978-7-5130-4859-0

前　言

　　从历史上看，文科和理科的划分是伴随着我国近现代教育制度的建立和清末西方教育的引入而发端的。"文理分科"这一问题最早出现在德国，在 20 世纪初期，就有关于文理是否分科这一问题的激烈讨论，只不过那时称为"文实分科"。新中国成立后，中国效仿苏联模式，推行文理分科教育，培养各类人才，在注重均衡性、基础性的基础上，围绕社会科学和自然科学进行教育的分类，旨在适应高校选拔培养制度以造就专业人才。在这样的大背景下，我国高等教育的专业设置按照"文理分科"进行，在高等职业教育的发展过程中也不可避免地受到"文理分科"的影响。本文是立足于高等职业教育中的"文科"类专业进行研究的。

　　以培养方向为依据，我国的高等教育包含两个层面：其一是普通高等教育，侧重培养学术型和技术研发型人才；其二是高等职业教育，侧重培养技能型或技术应用型人才，二者是同层次且等值的。高职教育为国家经济建设发展提供了大量技术人才，直接推动我国经济的快速发展。1996 年《职业教育法》的颁布实施，为高等职业教育的发展指明了方向。从 2006 年起，教育部先后开展了全国 100 所国家级示范性职业教育学校评选和 100 所国家级骨干职业院校评选的活动；在这两项活动的指引下，各省市纷纷开展省市级示范校的评选活动，这些活动极大地推动了高职院校的建设步伐，尤其是学校的硬件设施的建设得到极大地改善，职业院校普遍扩大了校舍、更新了教育教学资源、拓展了实践教学环境。2014 年国务院召开全国职业教育工作会议，习近平总书记就加快发展职业教育作出了重要指示。《国务院关于加快发展现代职业教育的决定》和《现代职业教育体系建设规划（2014—2020 年）》相继发布，这些政策的制定使得高等职业教育的发展路径更加清晰，方向更加明确。

　　截至 2015 年 7 月，全国高职院校共计 1280 所。2015 年教育部发布《普通高等学校高等职业教育（专科）专业目录（2015 年）》，这一名录是依据国家产业分类进行专业划分，围绕强化就业导向，注重技术、技能人才系统培养的宗旨，采用更名、合并，甚至取消的措施对现有高职专业进行调整，更名的专业主要是因为专业名称不够科学规范、不能完全体现专业内涵，或须根据相对应的产业转型升级与技术进步而调整的专业。合并的专业主要是专业内涵相近、核心课程基本相同，或专业口径太窄的专业。取消的专业主要是相对应产业为淘汰类、限制类的产业，且专业布点较少（连续 3 年没有布点）、招生规模过小或不符合高职教育培养定位的专业。经过调整，高职教育的专业类别由原来的 78 个调整增加到 99 个，专业总数则由原来的 1170 个调减为 747 个（其中保留 263 个，占总数的 36%；更名 167 个，占总数的 22%；合并 243 个，占总数的 32%；新增 74 个，占总数的 10%；取消 69 个）。来源于教育部《2015 中国高等职业教育质量年度报告》的数据显示：2014 年高职院校主动停招或撤销了与地方产业相关度低、重复设置率高和就业率低的专业点 5269 个，多于新增专业点 2004 个，超过 61.4%。新增专业点 3265 个，可见当今的高职教育建设已经从硬件发展转向了内涵式发展的道路，注重教育质量提高和教学水平的提升。如今高职教育专业整合正在进行中，以经济发展为指引，新增专业主要瞄准新产业和新业态，更加关注民生。主要集中在物联网应用技术等新产业，老年服务、康复治疗、社区管理等与民生密切相关的领域，以及新能源应用技术、软件外包服务、城市轨道交通等与地方主导产业关联度高的专业领域，在适应互联网经济新业态及服务民生领域等方面日益发挥作用。

　　当前高职院校专业设置定位和人才培养目标着力点存在较大的地域特色，受区域经济发展影响颇深。有的院校植根于当地经济发展设置专业，教学内容对接区域产业升级要求，受到地方政府的高度认可；有的院校认为当地产业发展落后、就业机会不多，将毕业生到外省市就业作为专业设置和教学安排的着眼点。例如，江苏经贸职业技术学院注重六大机制建设，提高校企合作的有效性；常州机电职业学院艺术设计专业引进世界大学城网络云平台，推进以空间教学为核心的教学方式改革。服务国家"一带一路"战略的人力资源开发建设，致力于培养本土化的劳动力或者说培养本土化的适应企业走出去的人才培训。提升高职院校的国际影响力，宁波职业技术学院在贝宁建立"贝宁国际培训中心"培训中资企业发展所需要的当地员工，带动企业所在国的经济发展，提升我国国家形象。桂林旅游高专举办的东盟旅游培训班为印尼和文莱等东盟国家培训学员 900 多人次，被授予大湄公河四区域旅游高端人才培养学术贡献奖等。

　　随着我国生产力的发展，对人才能力结构的要求也发生了相应的变化，而要实现教育质量的提高和教育服务社会程度的深化，不仅仅要完善高职基础设施建设，更重要的是培养方案的优化及课程体系的构建。学生能力结构的形成与课程体系建设是密不可分的，课程体系设置的合理性直接关系到学生能力结构的合理性。由此，在高职教育内涵式发展的今天，高职课程体系构建更应注重学生能力的培养，这样才能使高职教育培养出满足社会发展需求的人才，减少供需错位现象。

　　在中国知网以"高职课程体系"为主题检索论文信息，截至 2016 年 6 月 16 日，共有 1323 条信息，其中 2016 年 52 条，2015 年 168 条，2014 年 149 条，2013 年 179 条，2012 年 135 条，2011 年 104 条，2010 年 119 条，2009 年 114 条，2008 年 88 条，2007 年 46 条，2006 年 48 条，2005 年 41 条，2004 年 21 条，2003 年 15 条，2002 年 20 条，2001 年 18 条，2000 年 8 条，1999 年 1 条，1998 年 3 条，1997 年 1 条等。以以上信息量为基础分析

前 100 条信息，可知以下数据，对课程体系的理论性研究有 78 条，以某类课程（实践课程或理论课程）为依托的研究有 1 条，以某门课程为依托的研究有 1 条，以某专业为依托的研究有 6 条，以中高职课程衔接为研究内容的有 14 条。通过对现有查阅的文献资料的分析，当前高职课程体系的研究内容主要集中在以下几个方面。

第一，高职课程体系构建的理论探讨及课程结构的分析。林苏（2006）要构建科学的高职教育课程体系，必须强调职业性，切实以能力为本位，改变实践教学验证理论的传统实践教学体系，打破理论教学与实践教学两个平行的课程序列，以工作过程为顺序，将理论教学与实践教学真正地融为一体，形成职业特色鲜明的、理论与实践教学相和谐的课程体系，其核心理念就是"学做合一"。俞瑞钊、高振强（2007）提出"层次—结构课程体系"，该课程体系由核心层、支持层、基础层、特色层 4 个层次和 14 个模块的课程组成。核心层设置"核心技术课"和"职业技能课"两大模块，支持层由"专业技术（包括实验）""职业考证""职业方向"三大模块组成。基础层课程主要包括高等数学、大学语文、英语、思想政治理论课、体育等课程。特色层包括过程性课程、心理健康和职业指导课、选修课三大模块。戴波、刘建东等（2014）基于实现矩阵的课程体系及课程教学改革控制模性中指出，从社会需求的能力目标出发，探索专业能力知识体系，实施能力导向的人才培养模式改革，应当围绕能力培养目标、专业培养标准、操作性强的课程体系整合现有资源。

第二，课程体系开发的模式研究。在众多研究中，有很多学者基于某种模式的指导构建高职课程体系。例如孙兵（2009）文章分析了目前高职课程在课程结构、课程开发和培养模式等方面存在的问题，提出借鉴德国职教领域的 BAG 分析法，构建"任务模式"下高职课程体系的改革方案。首先，要对工作任务分析得出学生胜任工作所应具有的能力；其次，针对工作任务分析结果，要对课程项目进行分析，确定课程门数；最后，构建课程体系。胡振文、李辉等（2009）提出一种 CEC-CDIO 人才培养模式。认为该模式以校企合作平台为基础，以"双师"结构教师队伍为保障，通过集成化课程，可以有效地为学生创造了一系列的学习体验。实现了校企深度融合，工学结合，教学做一体的课程模式；解决了基础课，专业课以及实验、实训、顶岗实习需要各成系统又相互融合的问题。CEC-CDIO 教学大纲及标准是由学校、企业双方按照工程技术标准、技能要求共同制定，经多方专家认证的一系列教学目标，教学目标由 5 部分内容构成，包括人文知识和技术知识，专业技能，个人素质和职业态度，人际关系技能和构思、设计、实施并运行。王鹏（2010）提出基于工作岗位校企合作的情景导游教学设计 CEC—PBL，具体从课上理论学习、课下合作学习、景点模拟实训、在特色与收获中采取双人双语并轨授课、实训以就业为导向、不固定教材、教学以学生为中心、三维两化的教学模式。毛艳丽、康海彦（2015）提出基于人才培养模式进行专业课程体系建设，以"适应社会需求、体现专业特色、强化工程实践"为思路，重新安排课程设置，调整专业实习、实践教学等环节，对课程体系进行整体优化。

　　第三，关于高职课程体系原则的研究。一些学者对高职课程体系构建原则进行研究。如胡燕燕（2005）认为为了有效区别本科教育与高职课程体系，构建原则应有：①全面贯彻高技能人才培养的课程观。②坚持能力培养的核心地位。③贯彻多元整合的策略思想。④坚持开放性原则。⑤实现整体优化的原则。⑥强调特色建设。陈会丽（2007）研究认为高职农业课程体系构建应遵循的原则：以社会对农业人才的需要为原则、以符合农业经济技术发展趋势为原则、以本地农业经济发展对应用型人才的需要为原则、以本校实际为原则等。周建松（2014）要构建高等职业教育人才培养目标下的课程体系，应遵循的基本原则有：基础课程体现高等教育属性、专业教育面向产业和职业岗位、技能课程直接对接实际需求。同时完善教材体系、实施灵活的课堂教学方法、建设专兼结合的教学团队、构建教与学的协同机制。

第四，国内外高职课程体系的对比分析。如缪宁陵、宋建军（2004）的研究。首先，作者介绍了国外三种高职主要的人才培养模式：三元制模式、CBE 模式和 TAFE 模式。其次，作者分析了这三种模式的不同，如产生背景不同、课程模式不同、培养途径不同。最后，分析相同之处如注重实践、更好地连接了企业与学校。李振汕（2008）介绍了国外北美的 CBE、德国的双元制、澳大利亚的 TAPE、英国的 BTEC 和国际劳工组织的 MES 模式等五大典型模式的思路及步骤，并对其进行对比。

第五，各种导向下课程体系的构建。在相关研究中，主要有工作过程导向、就业导向、能力为本位、国家职业标准或行业标准引导等。如吴会敏（2009）的研究。作者首先对工作过程、行动领域、学习领域、学习情境进行界定，进而分析以工作过程导向的课程体系构建原则如课程体系设置应与就业需求接轨、与职业标准接轨；坚持以能力培养为核心的原则；坚持课程体系的开放性原则等。最后指出在这种导向下构建课程体系时要有社会需求调查与分析、典型工作任务分析、课程方案的设计及合理设计课程类型。刘菊（2015）基于职业标准的高职市场营销专业课程体系构建与研究中提出，通过校企合作、实施订单式培养，企业深度参与人才培养方案，构建课程标准，制定专业课程体系；建立实战性的实训基地，对接职业与岗位构建课程体系；在课程中融入企业文化，培养学生的基本职业素养；融合职业技能鉴定标准，分析专业培养目标，构建学历证书与职业资格证书对接的课程体系。辛涛、姜宇、王烨辉（2014）基于学生核心素养的课程体系建构中指出，学生的核心素养主要是国家核心素养与课程体系的相互关系有三种模式：核心素养独立于课程体系之外的美国模式，在课程体系中设置核心素养的分栏模式以及通过课程标准内容设置体系核心素养的日本模式。构建基于核心素养的课程体系应至少包含具体化的教训的教学目标、内容标准、教学建议和质量标准四部分；其中，具体化的教学目标和质量标准要体现学生核心素养；内容标准和教学建议要促进学生形成核心素养。

高职教育课程设计从宏观上来说决定了一所职业院校的教育发展方向，从微观上来说决定了一个专业的人才培养模式、一类课程或者一门课程的教学内容和教学模式。鉴于此，做好课程体系的构建工作就成为职业教育发展的重要任务之一。

目　录

第一章　课程体系设计概述

第一节　相关概念解析

　　课程体系是实现培养目标的载体，体现了学校专业办学的定位。其内容反应了人才培养的目标、规格和模式，是学校教育及教学的指导性纲领。课程体系的科学与否直接关系到人才培养规格是否达到教育目标的要求。近年来，随着我国高等职业教育的快速发展，越来越多的学者开始关注高职课程体系建设的问题，而高职课程体系构建研究对于我国职业技术应用型人才培养又具有重要的意义。通过对现有文献查阅结果分析，国内学者对高等教育课程体系的内涵一般有三种理解：第一是指宏观的专业设置；第二是涉及高校具体某一专业内部的课程结构问题，即研究高校为达到培养目标而设置的一切课程，具体包括专业培养目标，具体开设的课程，课程的组合、编排顺序。第三是教材体系，即专业内某一门课程的教学内容，它包括这门课程目标的确定，教学内容的选择、组织及最后的评价。简而言之，课程体系是指在一定的教育价值理念和教育原理的指导下，确定课程的构成要素并将其加以排列组合，使各个课程要素在动态过程中统一指向培养目标实现的系统。

　　课程体系设计是一项很复杂的由理论到实践的工作。它是指运用系统方法，在全面考察课程体系各要素及其相互关系的基础上，确定课程体系目标，组织课程资源，制定课程体系并做出评价的过程。其任务是贯彻教育思想，制定课程实施方案，保证人才培养目标的实现（胡弼成，2007）。现有高职教育课程体系存在培养目标设立缺乏地方特色、人文通识类课程较少、课程灵活性差，重理论轻实践、教材开发滞后等问题。基于对我国高等职业教育课程体系构建进行的理论思考及反思，笔者认为高职能力本位课程体系构建将有利于克服高职课程体系存在的问题。

一、专业设置与课程体系

（一）专业设置的概念

专业设置是指高等学校根据学科发展和社会职业分工的需求，以促进社会发展与个体发展相结合为原则，对学生学业方向进行必要的划分。高等学校专业设置规定专业划分及名称，通过课程的教学计划反映培养人才的业务规格和工作方向（即人才的素质结构和功能设计），是高等教育人才观的具体体现。

（二）专业设置的历史脉络

新中国成立前，专业设置主要是通过移植西方的教育体系而形成的，如自然科学中的数、理、化、天、地、生等专业；社会科学中的政治学、经济学、法学等专业。中国传统学术中固有的科目则经过"创造性转化"成为近代学科专业，如人文科学中的中国哲学、文学、历史学等。可见，那时候专业设置主要受欧美等国的影响，以学科和学术为导向，职业性和应用性的色彩相对弱化。

新中国成立后，国家直接引进和参照苏联的高等教育办学模式，建立了一套与社会主义经济体制相适应的高等教育体系。截至改革开放前，我国高等教育的专业设置与调整经历了三个阶段：第一阶段建立了以专业为中心、按照统一的教学计划开展教学活动的教学制度。在专业设置上，偏重工科、师范教育，财经、政法专业没有得到足够的重视；第二阶段制订了统一的专业目录，对学科专业结构进行了大规模的调整，初步形成了适应当时社会、经济、科技、文化发展需要的学科专业体系；第三阶段专业体系和专业设置处于崩溃的边缘。这一时期的专业设置和权利调整集中在国家教育主管部门，专业种类增加，专业数量达到 1039 种，专业设置越分越细，专业人才供不应求。

改革开放后的专业设置先后进行了四次大的调整。1987 年年底，国家颁布了修订后的本科专业目录，推进了专业名称的科学化和规范化。专业数量达到 671 种，加强了薄弱专业、新兴学科和边缘学科，恢复和增设了文科、财经、政法类等长期薄弱的专业。1993 年形成了《普通高等学校本科专业目录》，将学科划分为哲学、经济学、法学、教育学、文学、历史学、理学、工学、农学、医学十个门类，下设 71 个二级学科门类，专业种数减少到 504 种，专业设置开始以学科性质和学科特点作为基本依据，突破了与行业、部门相对应的传统模式，成为我国大学专业设置、划分走向科学化、规范化的标志。1998 年的专业调整，目的是使学科专业适应我国社会主义市场经济体制和加快改革开放的需要，适应现代社会、经济、科技、文化及教育的发展趋势，改变高等学校长期存在的专业划分过细，专业范围过窄、专业门类重复设置等情况，专业数量继续减少到 249 种，突出了按照学科设置专业，强调人才培养的社会适应性。

2015 年，教育部历时两年多时间，组织 59 个行业专家组对 1140 多家企业、980 多所学校调研，之后出台了《普通高等学校高等职业教育（专科）专业目录（2015 年）》（简称新《目录》）和《普通高等学校高等职业教育（专科）专业设置管理办法》（简称新《办法》）。与 2004 年颁布的《目录》《办法》相比，在体系结构上，新增了"专业方向举例""主要对应职业类别""衔接中职专业举例""接续本科专业举例"4 项内容，明确了专业与专业方向、对应职业类别、衔接专业的关系。参照《国民经济行业分类》中所设置的门类和大类进行专业划分，同时兼顾中职专业类、本科学科门类和专业类划分。原则上，专业大类对应产业，专业类对应行业，分为专业大类、专业类和专业三级。对专业名称不够规范、不能完全体现专业内涵或须根据相对应的产业转型升级与技术进步而调整的专业，进行更名；对那些专业内涵相近、核心课程基本相同或专业口径太窄的专业进行合并；对于属于淘汰类、限制类的产业，且专业布点较少（连续 3 年没有布点）、招生规模过小或专业不符合高职教育培养定位的专业，予以取消。围绕国家产业发展战略需要，按照"互联网+"行动、《中国制造 2025》等要求，对接新产品、新技术、新业态、新模式，重点调整并增设了面向产业价值链中高端的相关专业。新增的专业主要是适应产业转型升级、产业链延伸交叉、新兴职业与技术进步需要的专业。依照高等职业教育人才培养目标和规格，原则上依据专业大类对应产业、专业类对应行业、专业对应职业岗位群或技术领域，突出职业性和高等教育属性，并且在"专业名称"之后列举了"主要对应职业类别"。这种列举明确了专业与职业岗位（群）、技术领域的关系，对于帮助学生和家长选择专业、明确和把握就业方向具有重要作用。同时，它也为社会用人单位选用高职院校毕业生提供了重要参考。经过调整，专业大类数量虽然仍维持原来的 19 个，但是专业类由原来的 78 个增加到 99 个。专业总数由原来的 1170 个减少到 747 个（其中保留 263 个，占总数的 36%；更名 167 个，占总数的 22%；合并 243 个，占总数的 33%；新增 74 个，占总数的 10%；取消 69 个，占总数的 9%），并首次列举了 764 个专业方向。这样的调整更加适应现代产业发展的新要求，更加符合高职教育人才培养目标，更加强化以促进学生就业为导向，更加注重技术技能人才系统培养，更加完善专业设置动态调整机制。

（三） 专业设置与课程体系的关系

专业设置是课程体系的上位概念，专业设置优先于课程体系。专业设置是基于学科和社会需求而创制的，只有在专业确定的前提下，才能进行课程体系的设计。课程体系是为了完成专业设置的目标而存在的，是专业设置的重要实现手段。

二、人才培养方案与课程体系

人才培养方案是教育观念、培养目标、培养规格和培养方式多层次有机结合的产物，其基本问题是"培养什么样的人"和"怎样培养人"。人才培养方案也是高职院校为使学生培养工作符合培养目标的要求，保证学生培养规格及培养质量，而为不同专业、不同学科的学生制定的教学计划。它具体包括招生对象与学制、培养目标与就业范围、工作任务与职业能力分析、人才培养规格、课程结构、毕业要求、教学建议、特色与创新说明。从这一定义可以看出培养方案是课程体系的细化和要求，是课程体系的具体体现，但是培养方案并不涉及课程体系过程要素的内容。培养计划是培养方案的个体化，它主要针对学生个体而言，即针对学生个体制定的培养计划。培养计划更多是在研究生阶段，研究生导师依据每个研究生的能力水平、知识水平、专业水平状况，设计出适合每位研究生的专业培养计划。在高职教育阶段，由于学生人数多，且没有像研究生那样实行研究生导师负责制，因此也就没有高职院校具体针对哪位学生而制定的具体个体的培养计划。总而言之，课程体系是上位概念，培养计划是下位概念的分支。

三、课程结构与课程体系

（一）课程结构的概念

要正确理解"课程结构"这一概念，对"结构"进行深入认识也是必不可少的。按照一般的理解，结构即事物"各个部分的配合、组织"。结构作为系统科学的一个术语，是指组成一个系统的各个要素间的稳定的相互联系，是系统内要素间的排列组合方式。课程结构是指由不同系列或性质的课程要素所组成的关系或序列。课程结构优化实质上是对课程结构的目的性改造，也就是重新认识和确立课程各要素内在联系和相互结合的组织形式。其中，课程各要素间的比例关系是课程各要素组合方式最重要的方面，它直接影响课程的结构状况和功能的效度，是优化课程结构的主要线索。

有学者指出，课程结构是教育目标转化为教育成果的重要纽带，是课程安排实施活动及顺利开展的重要依据。课程结构的研究是课程论研究十分重要的部分，也是内容最为丰富的部分。课程结构主要涉及课程各部分的配合和组织，它是课程体系的骨架，主要规定了构成课程体系的课程门类，以及各类课程之间的比例关系、必修课与选修课、分科课程与综合课程的搭配状况等。课程结构是针对整个课程体系而言的，在这里面，课程体系更多强调一种整体功能，而课程结构指构成整体的各个部分的内容及它们之间的组织关系、比例关系。

顾明远认为，课程结构概念包括广义与狭义。广义的课程结构是指"学校课程中各组成部分的组织、排列、配合的形式"。它要解决的是根据培养目标应开设哪些门类的课程及课程的编排，重点要考虑各种内容、各种类型、各种形态的课程的整体优化，它具体体现为教学计划。狭义的课程结构是指一门课程中各组成部分的组织、排列、配合的形式，它要解决的是每门课程的教学目标、教学内容、教学组织及教学评价等方面的问题，它具体体现为教材（主要是指教学大纲和教科书）。周施良指出，课程结构是指"课程各部分的组织和配合，即探讨课程各组成部分如何有机地联系在一起的问题"。廖哲勋指出，课程结构是课程内部各要素、各成份、各部分之间合乎规律的组织形式。它是以课程要素与课程成份为基础，由课程的表层结构和深层结构组成的有机整体。其中，课程的表层结构是指一定学段课程的总体规划的结构，是由一系列学科与若干活动项目组成的整体。课程的深层结构是指一定学段的教材结构，包括每种教材内部各要素、各成份的组合，以及各类教材之间的整体组合。杨树勋认为，课程体系，又称"课程结构"，它是课程设置及其进程的总和。他还指出，我国目前高等教育课程体系的结构模式包含两方面的内容：一是"层次构成"，即公共基础课、专业（技术）基础课、专业课、跨学科课程；二是"形式构成"，即必修课程、限定选修课程、任意选修课程。张华认为，所谓课程组织，就是在一定的教育价值观的指导下，将所选出的各种课程要素妥善地组织成课程结构，使各种课程要求在动态运行的课程结构系统中产生合力，从而有效地实现课程目标。

在《简明国际教育百科全书·课程》中，与课程结构关系较为密切的词条是"Curriculum Organization"（课程组织）。该书指出："课程组织是指将构成教育系统或学校课程的要素，加以安排、联系和排列的方式。"鉴于"课程组织"与"课程结构"在内涵上的相似性，深入了解"课程组织"的内涵对于"课程结构"概念的认识也是大有裨益的。

（二）课程结构与课程体系的关系

系统科学认为，事物的结构是事物赖以存在的条件和形式，没有特定的结构，就无法产生特定的功能。课程体系作为一个系统也是如此，课程结构是课程目标转化为教育成果的纽带，在课程体系的设计中发挥着承上启下的作用。一个合理优化的课程结构可以形成课程合力，能够最大限度地发挥课程体系的整体功能，实现课程体系目标。

目前，我国高等教育课程体系的结构模式概括起来主要包含两个方面：一是"实质构成"即基础课程与专业课程，理论课程与实践课程；二是"形式构成"，即必修课程与选修课程，课内课程与课外课程。这四对课程要素之间的比例关系构成了高校课程体系的主要框架。但是在长期的课程实践中，普遍存在重专业轻基础、重理论轻实践、重必修轻选修、重课内轻课外的结构失衡现象。

在课程结构的研究中，研究者都站在自己的角度讨论课程结构或课程组织，课程结构有时与课程体系混用。课程结构属于一种人为结构，是人们思想中占主导地位的价值观念在课程实践中的具体体现，是课程体系的主体部分。

课程体系也有广义和狭义之分。狭义的课程体系特指课程结构，是各类课程之间的组织和配合。例如，在赫冀成等主编的《课程体系与人才培养比较》一书中，认为课程体系又称课程结构，"它是所设全部课程互相之间的分工和配合，是教学计划的核心。"广义的课程体系是在一定的教育价值理念指导下，将课程的各个构成要素加以排列组合，使各个课程要素在动态过程中统一指向课程体系目标（或专业目标）实现的系统。一般认为，它包括三个层次：一是宏观的专业设置，涉及高等教育学科及专业；二是中观的课程体系，涉及某专业内部课程体系的问题；三是微观的教材体系，是某专业内某具体课程的教学内容方面。

西方国家没有相应的"课程体系"一词，但"Program"与之较接近。如卢晓东认为，"Program"仅指一个系列、有一定逻辑关系的课程组合，相当于一个培养计划或课程体系。"不同的课程组织"即课程体系，应该是培养人才的主要方式和途径。如果把高等学校看做一个系统，那么高等学校课程体系就是在学校教育系统之下的一个二级系统。

综上所述，在课程结构的涵义中，广义的课程结构比较接近于我们的课程体系。广义的课程结构是指，根据培养目标设置课程；如何设置课程；各种内容、各种形式、各种形态的课程如何相互结合才能达到整体优化的效应。它涉及专业计划的制定，这是我们要讨论的课程体系。之所以作这种定位是由于高等学校课程体系是高等学校培养人才的载体，包含了课程各层面的性质，把课程的知识、目标、计划、学习、评价等诸多要素整合为一体。它把教育传授文化遗产的功能、服务社会和发展社会的功能、发展智力和培养个性的功能整合了起来。这一课程体系的界定是把有关课程的定义所框定的内容，如课程即学科知识、课程即经验、课程即计划、课程即社会改造等都融为一体，为培养高素质的专门人才服务。

现行高职院校课程结构过分强调课程的统一性、独立性、学术性、知识性、认同性，缺乏选择性、灵活性、实用性、整合性、创造性、探究性、实践性、均衡性。具体表现为：①重视必修课程轻选修课程。选修课在教学计划中占的比重过小，选修课的类型、数量不能满足学生的需要，甚至有些选修课名为选修课实为必修课。②重视学科课程轻综合课程。这些年一些高校虽增设了一些综合课程，但无论类型，还是数量都很少，不能适应科学技术和社会发展的需要。③重视专业课轻基础课。基础课在教学计划中占的比重过小，可供选择的课程门类少，不全面、不均衡，培养学生人文精神、科学精神及其他素质的课程占的比例过小。④重视理论性课程轻实践性（技能性、应用性）课程，甚至有些实践性、技能性的课程也作为理论性、学术性课程来设置和教学，把实践性、技能性课程变成了学术性、理论性课程。⑤重视认同性（接受性）课程轻研究性、创造性课程。现行课程主要是认同性课程，以让学生掌握现成的知识为目标，极少有以培养学生创新素质为目标的课程。

综上所述，课程体系与课程结构、培养方案存在紧密的联系。课程体系强调课程系统整体状况，课程结构强调内部各部分的组合，培养方案则是课程体系的具体表现。

四、课程与课程体系

（一）课程的概念

课程的涵义是教育领域中最为复杂、歧义最多的主要概念之一。关于"课程"一词，国内外有多种理解。在我国，"课程"一词始见于唐宋年间。唐代孔颖达在《五经正义》为《诗经·小雅·小年》的"奕奕寝庙，君子作之"句注疏："教护课程，必君子监之，始得依法制也。"《示子全书·论学》里几处提及"课程"："宽着期良，紧着课程""小立课程，大作功夫"等。这里的"课程"仅仅包含了教学时间、教学范围和工作进程等意义。在西方，"课程"（curriculum）一词源于拉丁语"跑道"（Cursumrace course），专义作为教育上的术语，意味着学习者的学习路线，与"对学科内容的学习进程"大体同义。

随着社会与教育实践的发展，"课程"一词的涵义也随之延展扩充。目前，国际上主要流行有大课程小教学和大教学小课程两种观点。现有关于课程的定义主要有以下六种：①课程作为学科。这是使用最普遍也是最常见的定义。例如，《中国大百科全书·教育》其中将课程从广义和狭义两方面定义，广义的课程是所有学科的总和，狭义定义是指一门学科或一类活动。②课程作为目标或计划。例如，课程论专家塔巴（H. Taba）认为课程就是学习计划。③课程作为学习者的经验。这是美国教育学家杜威提出的。④课程即有计划的教学活动。学者提出把所有有计划的教学活动组合在一起，称之为课程。⑤课程即文化再生产。这是文化教育学说的一种。⑥课程即社会改造的过程。

许多教学理论研究者和课程理论研究者，从不同的角度给出了不同的定义。从目前来看，课程是"一个用得最普遍但却定义最差的术语"。较早、较系统地研究课程定义的学者是美国人奥利弗（Albert L. Oliver），他从广义到狭义的顺序列出了"课程"的七种代表性解释。之后，又有一位课程学者奥利瓦（Peter F. Oliva）认为："与教育的其他方面诸如管理、教学和督导等行动定向了的术语相比，课程确实具有一种神秘的味道。"他也对课程定义进行了归纳和总结，列举了13种较有代表性的课程解释。美国新教育百科全书将"课程"界定为"在学校的教师指导下出现的学习者学习活动的总体"。也有人认为，课程是"学校提供给学生的教学内容或特殊材料的一种综合性的总计划"；课程是"学习者在学校指导下获得的一切经验"；课程是"一种预期学习结果的结构化序列"；课程是"育人的媒体"；课程是一种文化发展与创造的过程，是师生共同参与的探究活动中意义、精神、经验、观念和能力的生成过程等。

不同的研究者根据自己对"课程"的理解和需要使用这一术语。美国课程论专家比彻姆就曾立足学校教育实践，概括出了课程的三种基本用法。一是把课程作为实践性的现象。在这种用法的结构中，人们谈到的是一门课程，或简称"课"。因为不管与课程有关的各种涵义如何，理论工作者一定要谈到一门课程。二是把课程当作课程系统的同义词。课程系统包括人员的组织，课程制定、落实、评价和根据经验修订课程所必须的组织程序。三是把课程看成一门专业学科领域的同义词。这里所指的课程是作为学科总的领域。这三种用法是比彻姆根据西方尤其是美国教育实践概括出来的。

综观这些定义，我们可以看出"课程"表达的涵义丰富多彩。美国的一位学者曾做过统计，课程这一术语至少有119种之多。尽管"课程"界定众多，涵义各异，但人们并未被这种状况所困扰，反而挖掘出课程研究领域的生机。事实上，人们正是立足于不同角度理解和运用"课程"这一概念，关注学校课程的实际情形和实际问题，才使"课程"研究百花齐放、百家争鸣。当课程作狭义解时，是指一门学科或学科的分支；作广义解时，是指所有学科的总和。这个界定近似于泰勒的"课程应该被设想为每个在校学生的全部现实生活的代名词"。然而，不论课程的定义及运用如何繁杂，其本质和内涵是指使学生在学校教育教学环境中所获得的促进其全面发展的教育性的经验，是学校借以实现其教育目标的主要手段和媒介。它是经过特殊选择，并加以组织化的社会共同经验。从文化学的角度看，课程应该是过去的文化、现在的文化和改造后的文化的融合物。因此，课程的本质除了继承、传授的性质外，还具有批判、改革与发展的性质。课程的终极目的是要发展受教育者健全的精神、人格和体魄，完善下一代的整个人生，满足未来社会发展对人才的需求及个体全面发展的要求。此外，高等学校课程有其不同于普通初等、中等学校的课程，它具有课程目标上的专业性、课程内容上的探索性、课程实施上的主体性等发展逻辑与特点。这些是我们界定高等学校课程这一概念时需要考虑的主要内容。

根据课程的相关定义、高等职业教育的特点以及本文的需要，我们对其进行一个广义的界定：高等职业院校课程就是高等学校按照一定的教育目的所建构的某一门学习科目及其教育、教学活动系统或教学的共同体。从这一定义可以看出：高等职业院校的课程是有目的的，是按教育目的构建的；它所构建的是学习科目和教育、教学活动，是为一定对象服务的；是教师和学生共同作用的系统，且具有一定的功能——培养人才。这一定义突破了以课堂、教材和教师为中心的局限，使职业教育活动克服了以学科、智育为转移的单一、唯理性模式的束缚，拓宽了课程视域，为课程理论的研究和实践开辟了新天地，使更广泛的教学内容成为课程的有机构成。

（二）课程的分类

课程类型是在不同的课程设计思想指导下产生的，它主要指课程设计的不同种类或方式。

以课程的组织方式为依据，可以将课程分为学科课程又称科目课程或分科课程和活动课程（又称经验课程）。

以课程的表现形式或影响学生的方式为依据，可以将课程分为显性课程与隐性课程（又称潜在课程）。

以课程所涉及的课程内容的综合程度及内容为依据，可以将课程分为分科课程和综合课程；理论课程和技术（技能型）课程；基础课程和专业课程；单一课程和综合课程；人文课程和科学课程等。

以课程管理制度为依据，可以将课程分为必修课程、限选课程、任修课程。

以课程编制的主体不同为依据，可以将课程分为国家课程、地方课程和校本课程。

从课程层次构成来看，课程可分为公共基础课程、专业基础课程和专业课程；有横向课程和纵向课程。

从课程的作用来看，课程可分为传习性（接受性）课程和发展性（拓展性）课程，知识课程、能力课程和素质课程等。

从课程的规模来看，课程可分为大型课程、中型课程、小型课程、微型课程。

从课程性质来看，课程分为通识教育课程和专业教育课程两大类。通识教育课程是为大学生在校学习和未来发展奠定基础的课程；专业教育课程是在通识教育课程之上为大学生进一步发展而设置的课程。

从课程功能来看，通识教育课程突出对人类文化财富的传承性功能，包括知识课程和部分显性的情意课程；专业教育课程突出成长、进步和超越人类己有文化，包括发展学生的情意课程和活动课程等。

总之，课程分类之多，五花八门，令人眼花缭乱。不同的分类只是给我们从不同的角度研究课程、了解课程在不同情况下的作用提供了方便。课程是课程体系的组成部分，没有课程就不存在课程体系。

第二节　课程体系设计的相关理论

学者赵志群（2005）年的研究指出，我国职业技术教育课程开发是从学科系统化到职业分析导向、学习理论导向，再到工作过程导向。近年来，更多学者提出从职业能力导向、能力本位导向进行课程开发等。纵观各种模式都具有其自身的特点，学科系统化讲究学科知识的系统性及连贯性，教学时重记忆轻理解，以梯形的课程排列方式，利于理论与实践结合；职业分析导向有双元制、CBE、MSE，这些主要是借鉴国外的一些课程体系；学习理论导向将教育目标定位于认知能力、一般行动能力、个性发展。它是从普通高等教育移植过来的素质教育；职业能力导向将教育目标与生产实践相结合，以就业岗位的能力分析倒推课程设置方式。

一、课程体系设计模式

课程体系犹如一棵富有生命活力的树。树的各部分形成一体，树干和枝叶主次分明；根枝地位不同，方向有别，树根可以向四面八方延伸，是开放的。课程体系的发展如同一棵正在成长的树，其变化遵循生物学规律，有生、老、病、死的过程；有枝叶繁茂，残枝败叶之象。同时，课程体系还遵循遗传学规律，可以嫁接。

（一）一维线性模式

在树状模式理论中，最典型的是一维线型模式，即主干学科论。在纵横交错的课程体系中，存在树的主干与枝叶的关系。树干代表主干课程，枝叶代表拓展课程，只有"树干"与"枝叶"的有机结合，才能形成合理的课程体系架构。主干学科论强调课程体系结构的组织上要突出主干，兼顾枝叶。主干学科是指作为专业主要理论基础的学科。主干强调把某门学科中已公认了的基本概念、基本原理及规律和事实作为它的重点内容，并同时强调课程内容的科学性、系统性和连贯性。例如，工科专业，其主干一般是指技术科学类学科，而不是作为工科共同基础的数学、自然科学类学科和综合性应用性很强的专业技术课程。枝叶课程是与专业的关系不如主干学科密切的课程。这些课程可以是职业领域的需要，体现职业性；可以是工程对象的需要，体现工程性。枝叶课程起配角的作用。只有课程体系中有了明确的主干学科课程，教学内容才具有一定的逻辑性和系统性，培养出来的学生才具有坚实的学科基础和理论水平，具有适应技术进步和工作领域的迁移能力。

依照学科主干论，设计课程体系时应注意以下三点：①在课程时序上要遵循学科的内部逻辑，符合学生接受和掌握知识的规律性。②在学科逻辑上，尽量按照从易到难、从未知到已知，以及由感性到理性，由基础到专业的逻辑顺序安排相应课程要素并组织课程结构。这里可以按一定的逻辑组建"课程群"。所谓"课程群"是指课程体系中由具有某种性质或担负类似功能的几门课程组成的小集群。有了"课程群"，我们就可以按照"课程体系—课程群—主干课程"递阶制约的方式，分层次来组织和优化课程体系。③要正确处理好基础课程和前沿课程的关系。尽管现代科学技术突飞猛进地发展，新科学、新技术日新月异，但相对而言，基础知识、基本原理和基本理论的发展变化并不大，因此在构建课程体系时，一方面要使课程内容要素具有前沿性、实用性，另一方面要使课程内容要素具有基础性、稳定性，保持合理结构在课程体系中的相对稳定。"平台加模块"课程体系结构是一种具有自我调节、自我更新功能的课程体系结构。进行专业课程模块设置，可以使这些课程在编制时跳出单门课程的框架束缚，按照功能类型、需求类型、学科类型等进行编制，从而以不同的模块组合去满足各种个性化的课程体系目标的需求；同时，也能较好地保持课程自身的完整性和稳定性，如对英语、计算机等基础课程实行连续性设置。

（二）二维交叉型模式

所谓"二维"就是指纵向维和横向维。纵向维是指高等学校课程体系中直接为专业服务的课程体系。这一体系（如工科）通常按理论与应用、一般与特殊的逻辑顺序分为三个层次。数学和自然科学课程，如高等数学、普通物理学、普通化学等，一般称"基础课"或"科学基础课"；技术科学课程，如理论力学、材料力学、电工学和电子学等，一般称"技术基础课"；工程技术课程，如金属切削机床、电机设计等，一般称"专业课"。有的专业，再进一步把工程技术中一些带有普遍指导意义的理论内容集中起来作为一类课，叫"专业基础课"。这只是第三层次即工程技术类中的一个子层次。若是文科一般分为三个层次，法学课程中，如法理学、宪法学一般称为基础理论课；部分法学课程如民法学、刑法学、行政法学等一般称为专业基础课；综合类课程如法律诊所课、法律文献检索课程等一般称为实践课。

横向维是指高等学校课程体系中与专业有关的课程体系。这一课程体系，通常按其要达到的素养目标，分为若干课程组或知识块，如人文社会科学课程组、经济管理课程组、相关技术课程组等。人文社会科学课程组，是指那些直接研究与人类休戚相关的事物的人文科学和社会科学课程，如哲学、艺术、历史等。经济管理课程组是指与经济、管理有关的课程，如工业经济、企业经济、企业管理等课程。相关技术课程组是指专业工作中需要运用的作为技术手段的课程，如材料、测试、控制等技术课程。它们虽非各专业的理论基础，但其作用不可低估，可以培养专业人员的品德、陶冶他们的情操、提高专业人员的社会效益并使他们的思维更活跃。

二、课程体系设计的价值取向

课程体系作为一个系统，整体性是它的本质特征，表现为：

1. 以知识为主的取向

新中国成立后，高等教育同基础教育一样，受凯洛夫教育学的影响，以知识为本位，把传授知识作为教学的主要任务。因此，大学课程体系从课程设置、课程形态、课程内容、课程实施到课程评价都是以知识为核心，围绕知识的传授与获取进行的。只把知识狭隘地理解为事实性的知识和概念原理的体系，即"实质结构"，而探究方法的知识即"形式结构"则被忽视。

2. 专门化取向

专门化的课程理论认为，每一门课程的内容都应当从相应独立的学科中引申出来。课程要依据学问的逻辑和结构编制，学问是一个专门化和结构化的知识领域，每门学问都具有不同的结构，因而课程编制必须采取专门化的立场。我国现行的高校课程体系主要是以这种理念为指导建构的。以这种理念为指导建构的课程体系，也不可避免地体现出了专门化的特征，表现在重视学科课程，轻视综合课程，轻视各学科知识之间的联系和渗透；各学科彼此独立，壁垒森严，只追求自身体系和结构的完整。

3. 职业化取向

职业化取向的课程理论认为，高等教育是专业教育，高等教育的培养目标是各职业领域所需要的"专门人才"。以这种课程理念为指导，我国高校的课程体系从学科与专业设置到各专业课程体系及其内容的选择与安排，都是按照职业的划分安排的。这种课程体系重专业课程轻通识教育课程，重学生职业能力培养轻学生基本素质塑造。

4. 科学教育与人文教育割裂取向

科学教育与人文教育割裂取向表现为理工科忽视人文教育课程，文科忽视科学教育课程；科学教育中则过分强调科学知识，而忽视对科学态度、科学精神和科学道德的培养。

这四种价值取向中，在职业教育课程设计中以第三种"职业化取向"为最佳选择。但是在当前的课程体系设计中，以上四种价值观并非完全割裂的，而是相互融合的，形成了目前课程体系设计中以职业化为主、专门化为辅、夹杂知识化和综合素质教育的四位一体的价值观。

第三节　课程体系设计的特征和意义

广义来说，课程体系是指在一定的教育价值理念指导下，将课程的各个构成要素加以排列组合，使各个课程要素在动态过程中统一指向课程体系目标实现的系统。为此，课程体系的目标是什么？课程体系要达到什么功能要求？这是课程体系构建首先要明确的问题。作为学校教育中传递与选择文化的重要媒介，课程体系是高校人才培养目标和培养规格的具体体现。课程体系的构建与实施，实际上是围绕着培养什么人才、如何培养人才而展开的。它所呈现的是达到高校培养目标要求的教学科目及任务、内容、范围、进度和活动方式的总体规划，直接体现了高校人才培养活动的指向。因此，课程体系的构建应以高校人才培养目标为基本依据和最终目的，并将其作为设计总纲贯穿于课程结构目标和各门课程分目标（课程目标）之中。

一、课程体系的本质

课程体系作为一个系统，整体性是它的本质特征，表现为以下几点：

首先，课程体系以目标要素为总纲。课程体系目标可以为分为具体的课程目标与课程结构目标，这些目标是通过课程之间的相互配合和协调、发展达到最佳状态而实现的。当相同的课程设置具有不同的结构形式时，课程体系就会产生不同的性质、功能和效果。设定课程体系目标，旨在提高或改变课程体系的性质、功能和效果。为了使高等学校课程体系对实现学校培养目标产生最好的效益，使学生全面、和谐地发展，除了考虑系统要素设置外，还必须建立合理的课程体系整体结构，即优化课程体系内容要素的结构。因此，首先要确保学校课程体系结构的完整性，并在此基础上达到整体性。

其次，每一门课程在课程体系中是相互联系和彼此影响的，对课程的优化可以实现最大的体系功能。

整体大于部分之和是系统论的重要定律之一。这里的"整体"是指结构优化的整体。如果不是结构优化的整体，它充其量只能等于、甚至小于部分之和。这样的"整体"不能称为真正的整体。课程体系对于培养人才所起的作用，不是单个课程的结果，也不是各门学科的作用机械相加的结果，而是体系内各门学科和课程之间相互联系、相互配合的结果。因为由各门完美的学科或系统要素构成的课程"拼盘"，并不一定是完善的课程体系。某些课程体系要素从自身角度看，不一定是完整的、系统的，但在构成课程体系整体性上则可能起到"积极的、良好的效果"；反之，如果追求课程单个本身的系统性和完整性，就会在整体功能上造成负面影响。

最后，从课程体系与外界的角度看，这种整体性表现为开放性。

所谓开放性是一种相对的整体性，是与外界合为一体的整体性。课程体系是一个开放系统，而不是一个封闭环路。它时时处处在与社会、科技、文化、人等的相互作用中，产生信息的输入与输出，充实、变换或更新课程体系的内容。当然，课程体系应处于一个总体相对稳定的状态，它的改变是在一种逐渐的量变过程中。只有这种量变的积累达到一定的程度，课程体系才会有质的飞跃，实现新的课程体系目标。

二、课程体系设计的特征

随着社会人才需求的巨大变化，素质教育、创新教育、终身教育理念的不断深入，在现代课程体系目标的确定与选择上，需要注意协调社会需求的外在价值、学科知识的认知实践价值和学生发展的本体价值三者的关系，应将它们辩证、有机地统一于课程体系目标的价值取向上，最终实现学生知识、能力和素质的全面发展。

首先，课程体系设计应体现"以人的发展为根本"这一核心思想。课程体系设计必须以马克思主义"人的全面发展学说"为其主要理论依据，把"人的发展"理念整合到课程体系中，针对学生身心发展要求，从强调课程内容转向强调学习体验和经验，从强调计划转向强调人才培养的本质，尊重学生主体创造性，使他们的潜能得到最大限度地开发，为适应未来社会的发展和终身学习的需要奠定坚实的基础。

其次，课程体系设计应体现社会发展的要求，符合社会发展的需要。课程体系不是一个封闭的系统，它时时刻刻与社会经济、科技、文化有生生不息的关系，传递和复制着社会的文化。课程体系应面向社会生活进行全方位开放，随时接受来自社会的各种变化，全面地分析社会各种因素，如人口发展、环境保护、资源利用等对课程体系目标产生的影响，密切联系社会经济与文化建设，从现代信息社会和经济全球化所需求的知识重要度、知识间的相关度方面，来不断调整和严格筛选进入课程体系的新知识，使在课程体系下培养的人才具有主动的社会适应性，甚至可以通过课程的设置来影响社会的发展。

最后，课程体系设计应体现学科知识发展的前沿方向。虽然课程体系是在长期的教育实践中依据学科建设和教育规律逐步建立和完善的，具有一定的历史继承性和稳定性，但是随着现代科学的发展，知识的不断创新，各种学科资源的不断丰富，知识内涵、知识功能、知识获取方式等方面都发生了很大的变化，各个独立学科之间已由单线联系走向多维联系，形成了一个纵横交错、相互渗透、多层次、综合的科学体系。因此，课程体系不仅应包括前人累积的知识，更应反映专业学科知识的发展现状和趋势，根据学科发展的逻辑选择有效的、对学生个体具有发展价值和实用价值的知识，使课程体系始终处在动态建设之中，既具有系统性、稳定性，又具有发展性、前瞻性。

三、课程体系设计的意义

课程体系是一个具有特定功能、特定结构、开放性的知识、能力和经验的组合系统。它不仅要将各类课程连结成一个统一整体，还必须充分体现培养目标和培养规格，适应社会经济发展的需要，反映科学技术发展的现状与趋势，符合学制及学时限制。课程体系设计的意义主要在于以下几点。

首先，高等职业院校是以专业（学科）领域作为一个整体来培养人才的。一所职业院校的学校系统再好，如果没有作为实体或课程组织形式的整体优化的（或以"专业"为单位的）课程体系加以配合，学校的培养目标就无法实现。课程体系主要解决两个相关的问题：一是实现培养目标应选择哪些课程及其内容的深度与广度；二是各课程间在内容和呈现方式上如何互相配合和衔接。从宏观层面来讲，所谓课程改革，首先就是要解决好课程体系的整体结构问题。课程改革决不限于增加或减少几门课程的问题。对于课程体系整体结构，应当从多角度、全方位地考察和探究。从课程内容上看，要解决好德、智、体等课程门类、课时比例及其相互关系的问题；从课程范畴上看，要解决好课堂教学与课外活动、社会实践活动的比例和相互关系问题，正式课程与非正式课程的关系问题；从课程形态上看，要解决好分科课程与综合课程、活动课程的相互关系问题；从课程类型上看，要解决好必修课程与选修课程的比例和相互关系问题；在选修课程中又要处理好任选课程与必选课程的关系问题等。解决这些问题，都需要处理好课程体系内部的一些结构要素的关系，为学习者成为不同层次、不同类型、不同规格的人才打好基础，使他们成为全面发展的人才。

其次，课程体系是培养未来人才的发展性系统。教育的力量是从整体出发的，课程体系并不是由互不关联的独立部分拼凑而成，它是具有特定功能的指向未来人才发展的系统。教育不是为过去培养人才，职业教育更不是培养被动适应社会发展的技能型人才，因此课程体系作为影响学生终生的知识结构和职业适应力，是影响社会创造力的重要途径，也是为人才设计的超越过去、改造社会的发展蓝图。这一设计蓝图不是预先给定的"专业框架"，而是学生根据社会发展需要、学校的实际情况和自己的兴趣爱好等，在目前条件许可的范围内对自己未来前途的理想谋划。它是"以实际选修课程的主干性结构体现其专业和就业方向"的运筹。针对学习者身心发展要求，课程体系从强调学习内容到强调学习者的体验和经验，从强调计划到强调人才培养的本质，其根本规定之一就是人是创造的主体。只有把"人的培养"观念整合到课程体系中，促进人的创造性发挥，才能形成对人的全面发展的终极目标的追求。可见，课程体系是走向未来的，是发展的，是对学生未来前途和生活的定向。

再次，从系统的角度来研究课程体系，有利于将各课外教育因素纳入教育过程。课外教育因素是指在正规的课堂教学之外，学校有目的、有计划、有组织地安排的各种活动，它们属于学校课程范畴之内，应当是课程体系的有机组成部分。因为课堂教学课程与课外实践（实训）课程，是职业教育不可或缺的两翼。此外，课外教育因素在一个人的培养和成长过程中起着非常重要的作用。"课内打基础，课外出人才""课堂教学是学生成才的土壤，课外活动是学生成才的雨露、阳光"，这些观点都反映了把课外教育因素纳入课程体系研究的重要性。在课程体系内部，既有学科的支撑，也有专业的基础，还有学校的第二课堂、教学实践（实训）活动、学校环境等。课外教育因素作为课程体系的一个重要部分，对于培养和发展学生的素质，有时确实能起到课堂教学所起不到的作用。总之，学生是通过发挥课程体系的整体功能而获得培养和发展的。

最后，有利于完整地研究课程体系与外界的信息交流。系统论认为，动态平衡是系统合理结构存在的条件。课程体系作为一个开放系统，是高等学校教育系统的子系统。它只有随时与外界进行信息、能量、物质等的不断交换，才能正常运行和发展。现代社会发展变化的速度明显加快，如果课程体系面对如此变化的环境无法做出良好反应，课程体系就会变得刻板、僵化，无法培养适应现代化社会需要的高层次人才。因此，高等职业院校必须建立开放、富有弹性的课程体系。这种体系具有跟随科技和社会发展变化及时进行自我调整、自我更新、自我发展的吐故纳新的自我调节机制，既要打破消极保守的内部平衡，又要使合理的结构在系统中保持相对稳定，形成一个动态有序的平衡机制。

总之，应通过以课程体系为主体的培养方案的实施，向每一个求学者提供一套学会生存与发展的知识、技能和素质体系。课程体系犹如高职院校针对社会的不同需要、向不同学科、不同专业及不同层次的学生提供具有不同营养的"菜谱"，每一位学生可以据此选择喜欢的菜单并品尝其"美味佳肴"，以"吸取"自己需要的适合现实和未来社会经济发展的知识、能力和素质。

第二章　高职课程体系设计分析

第一节　高职课程体系设计现状

从高等学校课程体系看，鸦片战争之后，特别是清朝末期，我国才逐渐确立起近代的课程体系。1904 年，清政府颁布的《奏定学堂章程》所规定的是以近代自然科学为主体的学科中心体系。而当时杜威的经验为本的课程观已在我国广泛流行，并以此为实验宗旨在某些学校进行的课程改革，也曾有一定影响。从国际上来看，现有的大学课程体系，大体形成于 20 世纪 30 年代，而新中国的高等教育院校课程体系主要是 20 世纪 50 年代学习苏联以后形成的，已经历了半个多世纪。改革开放以来，我国高等学校教学内容和课程体系虽有比较大的改革，但赫尔巴特的学科中心的课程体系和课程观一直处于主宰地位。各高等职业院校的改革基本上都是在各自的课程上做加法多，导致课程内容越来越多、书越来越厚，而从整体上考虑课程体系与时代发展，与科学技术发展相适应的较少，更少从科学时代发展的整体趋势和要求上来系统考虑课程体系的构建。

一、课程体系发展历程

（一）初创阶段（1949—1955 年）

1949 年 10 月 1 日中华人民共和国成立之后不久，随着社会政治、经济制度的剧烈变动，政府即着手改造高等教育制度。1950 年 2 月，中国人民大学的成立，开始了以苏联模式为蓝本构建社会主义高等教育制度的进程。1950 年 6 月召开的第一次全国高等教育会议，确定了新中国高等教育制度改革的基本方针与方向，并通过了新中国最早的一批高等教育法令法规。其中，《关于实施高等学校课程改革的决定》是构成新中国大学课程体系之基础的重要文献。

《关于实施高等学校课程改革的决定》对当时的大学课程改革及日后形成的大学课程体系产生重要影响的规定主要有：①规定了大学应开设政治课程，"全国高等学校应根据共同纲领第四十一条和四十七条的规定，废除政治上的反动课程，开设新民主主义的革命的政治课程"。②提出了大学课程的系统化与专门化，"高等学校应以学系为培养专门人才的教学单位，各系课程应密切配合国家经济、政治、国防和文化建设当前与长期的需要，在系统的理论知识的基础上，实行适当的专门化"。③强调了实习在大学课程体系中的地位，"为加强教学与实际结合，高等学校应与政府各业务部门及其所属的企业和机关，建立密切的联系……应该有计划地组织学生的实习和参观，并将这种实习和参观，作为教学的重要内容"。④决定定成立高等学校教材编审委员会，有计划、有组织、有步骤地编写教材。此外，《关于实施高等学校课程改革的决定》还对全国大学的学习年限、上课时数等做了统一的规定如每学期的实际授课时间以满十七周为原则，学生每周实际的学习时间以四十四小时为标准，最多不得超过五十小时。

第一次全国高等教育会议之后，教育部成立了高等学校课程改革委员会。该委员会在不长的时间内组织全国各大学的有关专家制订出了《高等学校课程草案》与《专修科课程草案》。《高等学校课程草案》包括文、法、理、工 20 个系。《专修科课程草案》包括机械工程、电机工程、化学工程、土木工程、水利工程、地质、农业等 54 个专修科。尽管这一课程草案的制订比较仓促，而且内容也比较粗略，但是作为第一个由中央教育部组织制订的全国性课程草案，其影响是深远的。同时，它也勾画出了新的大学课程体系的轮廓。

1952、1953 年经过大规模的院系调整实施之后，高等教育改革的重点转向全面学习苏联经验，建立适应社会主义计划经济建设的大学教学制度。这一大学教学制度的核心是以与国家建设所需要的专门人才相对应的专业为单位，有计划地实施教学活动，而以体系化的课程为主要内容的教学计划就成为大学教学活动的基本依据。1953 年 8 月召开的全国高等工业学校行政会议，通过的《关于稳步进行教学改革提高教学质量的决议》对这种有计划的教学活动做了明确的说明，"高等工业学校教学改革中各项重要工作的顺序，一般地应该是：首先，明确专业的培养目标，并根据培养目标拟订（或修订）教学计划；然后，根据教学计划中各课程的地位与作用，拟订（或修订）包括课程目的、要求与内容要点的教学大纲；最后，根据教学大纲编写教材"。

随着全国统一的教学计划的制定工作的开展，教育部又发布《关于修订高等工业学校四年制本科及二年制专修科各专业统一的教学计划的通知》，其中指出：根据国家在过渡时期总路线总任务的要求，高等学校，特别是高等工业学校，必须在数量和质量两方面都能相适应地培养高级建设人才；而为了保证培养具有一定质量的合格人才，就必须有统一的教学计划，即使各校目前条件各有不同，也必须有统一的教学计划作为统一的基础和共同的奋斗目标。"在这一通知精神的直接指导下，1954 年共制订了

173 个专业的全国统一的教学计划。其中，工科 119 个，理科 11 个，文科 5 个，农科 9 个，医科 5 个，财经 12 个，法律 2 个等。至此，以培养适应计划经济建设专门人才为目标的新的大学课程体系基本形成。

（二）恢复和缓慢发展阶段（1978—2005 年）

1979 年 8 月召开的全国财经教育会议制订了工业经济、农业经济、商业经济、国民经济计划、统计学、会计学、财政学、基建财务信用、金融学等 9 个专业的教学计划。这些教学计划于 1980 年 5 月由教育部颁发，供各有关大学参照试行。1989 年 3 月，国家教委下发《关于高等学校经济学专业深化改革的若干意见》，将政治经济学、西方经济学（宏观经济学和微观经济学）、统计学、会计学、财政学、货币银行学、国际贸易和国际金融、比较经济发展、高等数学、计算机应用等 10 门课程列为经济、管理类专业的共同必修课。国家教委认为开设这些课程"对于建立经济、管理类专业学生合理的知识结构和基本技能的训练，实现专业培养目标的要求，具有重要意义"（刘英杰，1993）。1979—1989 年的大学课程体系从课程（教学计划）的制订过程到课程的编排，都反映出计划经济时代的统一性、计划性、逻辑性的特征。

从 20 世纪 90 年代中期开始，高等教育改革逐步深入，扩大了大学的办学自主权。直至 1998 年 8 月通过的《中华人民共和国高等教育法》第三十四条明确规定："高等学校根据教学需要，自主制定教学计划、选编教材、组织实施教学活动。"《高等教育法》的这一规定成为大学自主确定课程体系的法律依据，也使得当时中国大学的课程体系具有了"校本"（本校）的色彩，这与计划经济时代强调教学计划的统一形成鲜明的对照。大学课程体系的校本性是建立在市场经济发展与大学办学自主权扩大的基础之上的。在市场经济充满竞争性的环境中，各大学的毕业生若要能在市场竞争中处于有利的位置，所掌握的知识与具有的能力在一定程度上起决定性的作用。

这就要求各大学根据社会需求在课程改革上下功夫，制定出具有各自特点的课程体系来。不过，在这里还需要说明一点，在各大学的课程体系中，仍然存在共同的、统一的部分，如思想品德教育课程。这些课程是由教育部规定的，体现国家社会对大学生在思想品德方面的基本要求。增设通识教育课程，加大了选修课程的比重，丰富了学生的课表，教育的个性化增强。

随着课程体系的发展和教育改革的深化，本科教育和专科教育开始分化，专科教育改为高职高专教育（高等职业教育和高等专科教育）。在 1999 年第一次全国高职高专教学工作会议上，时任教育部高等职业教育司司长钟秉林归纳总结了高职教育课程和教学内容体系建设方面存在的问题：一是没有形成符合高职高专教育的人才培养目标所要求的课程体系；二是教学内容陈旧；三是教学方法落后。由此拉开了学者们研究课程体系尤其是高等职业教育课程体系的序幕。

但此阶段的高职高等教育级是大学本科教育的缩减版、学到减少、课程减少（从四年度变为三年度或二年度）。

（三）自主发展时期（2006—2017 年）

2006 年，高等学校完成了教学评估工作。2007 年 2 月 17 日，教育部发布《关于进一步深化本科教学改革全面提高教学质量的若干意见》的通知，其中明确指出："深化教学内容改革，建立与经济社会发展相适应的课程体系。要坚持知识、能力和素质协调发展，继续深化人才培养模式、课程体系、教学内容和教学方法等方面的改革，实现从知识传授向更加重视能力和素质培养的转变。要根据经济社会发展和科技进步的需要，及时更新教学内容，将新知识、新理论和新技术充实到教学内容中，为学生提供符合时代需要的课程体系和教学内容。要大力推进教学方法的改革，提倡启发式，注重因材施教。要优化课程结构，构建以核心课程和选修课程相结合、有利于学科交叉与融合的课程体系。""要采取各种措施，通过推行学分制、降低必修课比例、加大选修课比例、减少课堂讲授时数等，增加学生自主学习的时间和空间，拓宽学生知识面，增强学生学习兴趣，完善学生的知识结构，促进学生个性发展。"

在高等教育努力"构建以核心课程和选修课程相结合、有利于学科交叉与融合的课程体系"的同时，高等职业教育课程体系也在发生着鲜明的变化。

我国尽管明确开展高等职业教育的历史不长，但其课程改革和课程开发模式演变明显呈现阶段性特征，一是在建立之初借用普通高等教育院校的学科式课程体系。二是 20 世纪 80 年代初，自改革开放以来，市场经济体制的建立和中国经济的快速发展，对从业者的能力提出了更高的要求，原来强调以"知识"为基础设置课程的方式，已不能适应社会发展的需求。为满足社会和经济发展的要求，开始引进和借鉴国外以职业分析导向式课程体系，突出以职业能力培养为目标。但由于制度、文化等差异，国外的课程体系并不完全适合我国的国情，鉴兼于此情况，我国职业教育界的专家学者，在借鉴国外课程体系的基础上探索出了具有中国本土化课程体系——"宽基础、活模块""多元整合"职业教育课程体系，也被称为学习理论导向课程体系，最后是本世纪世界范围内流行的一种职业教育课程体系——工作过程导向课程体系。它由德国人最先提出，作为一种课程开发方法，已被我国引进并在一些示范性院校践行。

如今，各高职院校在确定教学目标与教学计划制定的原则上，课程设置的指导思想是根据"教育部高教司关于高职高专教育专业教学计划的原则意见"，以"培养拥护党的基本路线，适应生产、建设、管理、服务第一线需要的，德、智、体、美等方面全面发展的高等技术应用性专门人才"为目标。目前，我国高职院校基本树立了"能力为本位"的教育理念。在人才培养方案制定中坚持以区域经济发展为依托，强调教育为经济建设服务；在制定详细教学计划时，将培养目标按专业求细化，不同程度地加大实践课程教学比例，加强学生实践能力的培养，尽可能地增强针对性与实际工作联系。

总之，课程体系的发展是伴随着我国经济建设的发展步伐的，计划经济下课程体系带有明显的行政指令性和统一性；市场经济下，课程体系的自主性和市场适应性明显增强。

二、当前高职课程体系设计存在的问题

我国高等职业教育在改革开放以来，虽然基本上适应了我国经济建设的发展需要，为各行各业输送了大批合格的专业人才和一线技能人才，但也存在一些弊端。

1. 课程设置行政指令性居多，缺乏理论指导

我国课程理论研究起步晚，课程理论相当贫乏。课程体系改革离不开课程理论的指导，但长期以来，在我国高等职业教育改革中，凭借经验进行，对高等学校课程理论研究重视不够，借鉴引进多，吸收转化少，缺乏将实践经验上升到理性认识的思想准备，使课程体系设置缺乏战略眼光。一方面，在未经过深入的调研情况下，高职高专院校照搬普通高等学校的课程体系，普通高等大学照抄国外的人才培养方案。急功近利的眼光使课程体系走向极端的实用化，也导致了教育教学质量的严重下降。另一方面，过多地强调基础课程的学术化，课程内容偏深、偏难忽视了实践性，所学理论严重脱离实际。同时，在课程体系中，指令性课程达 10 余门，占总学时的 30%～40%，统考类课程占了大量的时间和空间；学生学习指令性课程和统考课程几乎用去了 2/5 的在学时间，使专业必修课和选修课没有余地。行政指令性容易导致课程设置的随意化、严重的因人设课。许多学校"因人设课"与"因无人而不设课"现象特别严重。没有严格按照培养目标的

需要来设置课程，更没有把课程设置当作一门科学来对待，想当然的成分很多。这种高等学校课程设置的随意性，甚至盲目性，必然导致课程体系整体功能的低效甚至无效，更不要说促进人的全面发展了。

2. 课程体系内部的学科壁垒森严，价值取向不明，忽视学生个性的发展

壁垒，最初意义来源于古时军营的围墙，演化至今则泛指不同的事物其界限划得很分明。高职院校的课程或按"学科中心论"分科设置，以"专业框定选修课程"，基本上以学习专业课程为主。因此，造成了的各专业课程自成体系的专业壁垒，不同专业之间的课程难以沟通；不同的学科与专业之间具有明显的封团性与保守性。此外，课程体系与结构是根据职业和岗位的要求来设置的。每门课程的内容体现某一方面的系统性，使其相关课程内容缺乏纵横协调联系，导致课程体系内容重复的现象十分严重，阻碍了学生广博知识结构和创造性思维的形成。学校也因此失去了不同专业课程的全方位开放所形成的学术共同体的文化氛围，课程体系也失去了成为开发新的知识点的良性吸纳和互动的综合体。学生们无法知道各门学科之间的这种天然的相通性，也无法形成具有学科之间的广泛联系的知识构架，难以进行大跨度的、有效的思维迁移和创造，从而未能使学生形成知识一体化的综合观念；课程内容脱离现实社会生活，没有使所学的知识与生活和工作联系起来，不利于多学科综合化与学科的深入分化及新的综合化。

现有的高职教育课程体系存在两种类型的课程价值取向，一是学科知识本位的课程价值取向。这种课程价值取向追求学科知识的系统性、完整性，忽视学生个体的存在，漠视学生的兴趣和需要，以及学生个体终身发展的要求。专业课程实施和专业技术能力之间存在较大的张力，没有能够按照技术能力和技术素养形成逻辑，更多地展开一些实验、实习和实训活动。课程评价缺乏有别于普通教育的特殊性，强调的是对科学知识的掌握，

没有能力掌握的硬性要求。二是以能力为中心的课程价值取向。这种价值取向的课程模式在国外已得到成功应用，由于国情、政治制度、文化等方面的差异，我国高职教育对这种课程模式的开发基本还停留在概念层面，没有真正根据职业能力的要求构建高职教育课程体系、设计课程结构和选择内容。学科式的高职教育课程体系在课程结构和内容上具有明显的简约化和压缩性，其理论的深度与广度没有以解决实际问题为标准课程开发主体是以学校为主，行业企业在课程开发过程中的许多环节上还没有深度介入，课程的开发与实施没有体现合作性与实践性，课程内容与企业生产实际的需求有较大的距离，没有以工作任务为载体体现出来，没有将知识和工作进行很好的整合。

由于过分强调专业知识取向，在课程体系中，以学生需要为价值取向的课程与美德结合、与人文结合、与价值结合的内容较少。因为学科内容只考虑理论性和"专家"的要求，很少考虑作为一个普通公民应具备的基础知识素养以及学生的个性发展。这类型的课程仍以传统的指令性课程为主。许多高职院校已经认识到了这样的课程体系的弊端，采用了一些文理课程交叉综合开设的办法，但这些课程开设的质量还不很高，数量也不多，离高等职业教育培养目标还很遥远。

3. 人才培养目标制定不准确，课程目标模糊

人才培养目标的制定与专业设置有密不可分的关系，是专业设置的起点。然而，有些专业培养目标制定不准，表述语言与普通高等教育院校有较大雷同，未能准确定位和定义在高职教育中应追求的人才培养目标。有些专业培养目标定位与课程体系建设有所偏离，课程体系中的专业教育理论性教育体现较强，职业应用型教育体现较弱，课程内容缺乏针对性。此外，在培养目标的表述方面，各专业存在互相照搬的现象，缺少专业特色。

职业教育是面向职业的教育，不同的职业对人才规格、类型和层次要

求不同。职业岗位纵横交错的层级差别决定了所需教育的差别，因而开发高职课程应将"岗位"作为参照物来定义课程目标。工作岗位能给制定高职课程目标提供较清晰和准确的答案。

在我国高职教育课程建设中，由于受传统高等职业教育培养目标定势的影响，对高职教育培养目标没有深刻的认识，在定位上只注重其"高等性"而忽视其"职业性"，缺乏对学生就业岗位及职业发展的了解。在某种程度上，课程目标有一定的随意性和盲目性，使高职教育以应用能力为主线这一本质要求落不到实处。以普通高等教育为翻板的高职课程目标只注重原理和结论知识，片面强调学科及课程知识体系的完整性，没有从培养对象的知识、能力、素质协调发展的基础上考虑突出职业技能的培养，与高职的培养目标脱节。这使高职学生毕业后没有掌握基本的专业技能，不能适应社会经济发展和人才市场变化的需求，毕业生的供给量与市场需求之间存在着结构性的矛盾。

4. 专业设置结构不合理，仿照普通高等教育院校的痕迹明显

课程结构是课程目标转化为教育成果的纽带，是课程实施活动顺利开展的依据。受传统学科式课程体系的惯性影响，从我国现行的高职教育课程结构模式来看，大多没有脱离普通高等教育惯用的学科理论结构，即基础课、专业基础课和专业课的"三段式"的课程结构模式。高职教育课程，应突出职业性、实用性、针对性特点，在课程设置上要有一定的弹性和灵活性。这种课程结构模式随着科学技术的迅速发展，经济市场上行业更新的步伐日益加快，它的弊端也凸显出来，主要表现在以下几个方面。

第一，在一个学科专业中，所开设的各门课程存在结构不合理问题，有的表现为课程门类不全，新的和需要的课程开设不出来，而不需要的、过时的课程依然活跃在课堂上，造成资源浪费，学生学无致用。此外，课程门类之间存在结构比例方面不合理，有的开设过多，有的开设过少，造

成了课程比例结构上的不合理。

第二，各学科、专业课程之间缺乏联系性，课程之间相互独立，相关知识未能有机地融合在一起。基础理论知识、专业技能缺乏职业针对性，课程之间存在衔接不上的现象。上海大港高职教育研究与开发中心的黄克孝教授也认为，机械分段的课程排列使"各类课程分而治之，教学课程内容之间越来越缺乏内在有机衔接与灵活配合，造成理论与实践脱节。"另外，课程设置上缺乏专业内选修与跨专业选修的选择性和灵活性，学生的学习被限定在某一专业范围内，所获知识面窄，在将来的就业中缺乏岗位竞争力。

第三，课程门类繁琐，内容交叉，课程设置缺乏宏观、统筹及整体优化。以上这些表明，我国高职教育课程结构存在一定的不合理性，缺乏现代专业课程创新、更新、革新的要求，不符合现代科技知识之间联系、渗透、结合的特点，因而难以培养出具有广泛适应性的复合型实用人才。通识课程的设置。各专业对设置通识课程的目的与作用不够明确，与专业需求及人才培养目标结合得不够紧密，致使在培养过程中无法发挥通识课程的作用。由于未能很好地对通识课程进行分类，没有厘清社会科学类、自然科学类、工具类、常识类等与各类专业的关系，使得现有的通识课程形同虚设。

第四，通识课设置未能考虑专业需求。从普通高等职业院校照搬来的课程体系，课程内容存在理论与实际脱节的问题，这导致了学生理论学习空洞、乏味，实际的专业、职业应用能力水平低下。加之远程教育实践基地和场所有限，造成实践教学难以落实，学生的应用能力难以培养与提升。

多年来，高职教育各专业的课程结构基本参照教育部专业目录，强调专业核心骨干课的课程结构。课程结构的"系统性、全面性、正规化"味道较浓。职业技能、资格证书等方面的内容没有及时融入课程体系中，未能形成特色专业。

5. 课程配比不当，课程内容陈旧、与工作任务的相关度低

高职教育是培养具有行业、专业或工种等职业方向要求专业技术性较强的教育形态，有鲜明的职业定向性和现实性。职业定向性和现实性要求，高职教育课程体系的构建应以行业、职业岗位知识需求为主线，在课程实施过程中要体现出"工作"与"学习"一体化的综合发展过程。即在实践课程中，将某一项具体的工作任务分解开来，再将所分解的工作任务融入学习情境中，使学生在实践课程中理解和体会工作原理与步骤。只有将课程体系与工作体系较紧密的联系起来，才能适应行业、企业工作的需求。课程要素的改革是课程体系改革的核心，不合理的课程要素组织不仅是文科与理工科疏远，即便是文科，此专业与彼专业之间也存在着隔阂。在"对口"教育指导思想的影响下，由于不重视学生综合素质的培养，各专业的课程结构内容要素大体是突出专业课程的比重。在通识教育课程要素与专业教育课程要素比重之间，专业基础理论、基础知识、基本技能内容比重之间，形成明显的失衡：重专业轻素质，重理论轻应用，重单门轻综合的现象普遍存在。

配比不当可从以下五方面看出：一是显性课程与隐性课程比例不当，忽视了隐性课程的设置；二是学科课程与活动课程比例不当，忽视了活动课程的设置；三是分科课程与综合课程比例不当，忽视了综合课程的设置；四是必修课程与选修课程比例不当，忽视选修课程的设置；五是学术课程与职业技术课程比例不当等。

显然，我国现有高职教育课程离这一要求还有很大差距。其原因是我国的高职教育课程体系是以学科式为主线，这些年在国家高职教育政策方针的统领下不断地改革完善，试图以工作任务为导向构建高职课程体系，将高职课程内容与工作任务联系起来。一些高职院校也认识到了工作任务分析在高职教育课程中的重要性。但是其结果与现有的课程似乎并无太大

的区别，出现了课程开发中的"回归现象"。对依据工作任务选择的知识，只是以工作任务为中心剪裁原有的学科知识，所学内容没有实质变化，使得课程改革成了知识游戏，大大降低了课程改革的成效。课程内容与实际工作任务之间还存在很大的距离，课程实用性特点没有明显体现出来。

总之，高等职业教育课程体系多具有主观性和人为性，较少考虑课程体系的整体功能和自身的运行规律。对科学技术发展缺乏深入分析，致使课程内容陈旧；对社会经济需求了解不够，造成课程内容与社会需求脱节；对课程体系内容要素缺乏深入认识，造成课程内容重复；对课程总体结构缺乏系统研究，致使课程门数膨胀，学时超计划；以理论为中心构建课程实施模式，相对忽视应用型人才的培养等。

三、高职课程体系设计存在问题的原因

（一）传统文化对价值观的影响

文化传统包括教育信念、价值观等，作为意识形态领域的文化传统，很大程度上影响着人们的行为方式。尽管它对高职教育课程体系没有直接的影响，但潜意识中影响着人们对课程的价值取向。在儒家文化的影响和熏陶下，"崇道轻艺"的思想已在人们心里根深蒂固，认为职业教育是"低层次的教育""二流教育"，是接受高考落榜生的教育，是终极教育，没有发展前途。一些家长期望子女成龙成凤，希望把子女送到普通高等职业院校学习，希望他们成为高级专门人才，而不是应用型人才，不愿意到职业技术类学校学习。"学而优则仕"的思想则更是深入人心，人们也习惯用学问的渊博来衡量人才。在这一评价标准下，高职教育课程体系出现偏重理论，轻视实用技能的倾向。我国现有高职教育课程体系还没有跳出传统学科式课程体系的藩篱。学科式课程体系正是以理论为主、实践为辅来编排课程，在课程设置上一味地追求学科内容的完整性和系统化及理论上的深度，忽视了职业教育与工作过程的实际联系，培养出来的人才与社会需求脱节，出现了企业、行业招不到合适的人才，高职院校毕业生找不到合适工作的现象。

（二）对高职教育认识模糊

我国高职教育发展相对较晚，各地区发展不平衡。沿海经济发达地区，经济实力雄厚，对高职认识明确，起步较早，发展也较快。西部经济欠发达，高职教育基础薄弱，发展缓慢。经济发展不平衡性，高教育发展不一致性和观念的差异性造成对高职教育认识上的不足。

1. 社会对高职教育认识不足

很多人认为高职教育是一个教育层次，而不是一个教育类型。他们不明白高职教育是高等职业教育的组成部分，填报志愿时不愿意报考高职院校。同时，家长也不愿意送孩子去高职院校求学。另一方面，一些用人单位歧视高职院校的毕业生，招聘人才时，追求高学历及用人高消费，这样导致高职院校生源不足，高职教育发展受到威胁。

2. 高职院校对自身认识不到位

在办学上，一些高职院校和普通院校攀比，一味的追求"升格"，忽视自身的优势和办学特色，失去竞争力。在专业设置上，受市场因素的影响，一些院校在专业设置时，缺乏对人才需求的整体分析和中长期预测。即使有简单的分析，也往往只分析需求，不分析供给，导致一些投资少的热门专业增长迅速，专业重复设置严重，部分领域人才培养相对过剩。在课程设置上，沿用传统的学科式，注重理论知识的传授，轻视技能培养，与高职教育应以教授陈述性知识为辅，以过程性知识为主的原则相悖。教学过程中缺乏情境教学，学生前学后忘，不能完全领会书本知识。

对高职教育的认识不足，不仅影响高职教育培养目标的实现，还给高职教育健康长远发展带来不利。我国高职教育要蓬勃发展，不仅要消除社会上对高职教育的模糊认识，更重要的是，高职院校要从自身上寻找原因，消除不利因素，做出特色、谋求发展。

（三）课程开发主体单一

高职教育的课程开发，主要涉及课程方案教学计划、课程标准教学大和课程教材的编制工作。一个完整的高职教育课程在开发过程中，涉及的开发主体不仅有教育主管部门的宏观性政策指导，企业、行业部门提供岗位需求信息，还要发挥职业教育机构里教师的作用。我国在高职教育课程开发的过程中，一些院校很少重视企业、行业部门的作用，缺乏编制课程内容的有效信息，导致课程内容与社会的发展，特别是与经济需求不相适应。另外，强调课程开发的学术性，开发人员大多为教师，未能充分发挥职业教育机构里教师的作用，课程编制上缺乏一些建议性的指导。职业教育机构往往只是贯彻和落实课程开发的结果，课程开发过程中忽视一些相关因素的影响，导致课程设计环节与课程实施环节脱节。课程开发主体单一，信息机制不健全，很难保证课程开发的有效性及人才培养的质量。

（四）"双师型"教师队伍力量薄弱

教师是教学工作的实践者，是实现人才培养目标的关键因素。一般来说，高职教育师资队伍结构决定所培养人才的结构和规格，决定高职教育培养目标的实现程度，决定高职教育能否适时地对社会经济结构变化作出调整。作为培养高素质应用型人才为主的高职教育，要求教师不仅要具备深厚的理论知识，还必须具有丰富的实践操作技能，即"双师"教师。目前，我国许多高职院校在师资队伍建设上，与高职教育教学要求还有较大的差距。教师的能力结构不尽合理，一些教师的实践操作技能比较欠缺。"双师"在高职院校所占比例很少，其原因是由于严格控制事业单位编制，不允许事业单位从企业调入，致使具有一定实践经验和专业理论知识的企业工程技术人员不能调入职业院校任教。同时，在职业技术院校中，不少有能力的"双师"型教师，由于待遇相对较低，出现"孔雀东南飞"的现象。

另外，目前我国高职院校的职称评定还没有一套完整的、适合"双师型"教师的评审标准。高职院校教师的职称评定在标准方面没有突出高职教育的特色，在操作方面往往倾向于一般高等院校。由于上述原因给我国高职院校"双师"建设带来一定的困难。师资结构不合理、师资不到位或到位不及时，是影响高职教育实施的关键性因素，进一步影响教育目标的实现。为了促进我国经济发展，提高人们生活质量，充分发挥高职教育的功能，高职院校应建立一支一专多能，理论与实践兼有，可塑性、应变性较强的师资队伍。这对推动我国高职教育教学改革，提升教学质量，创办高职教育特色具有非常重要的现实意义。

第二节　高职课程体系设计模式概述

一、课程体系设计的内涵

课程体系的内涵应包括：课程体系目标、课程体系内容、课程体系实现过程（执行和评价制度）。

课程体系的目标具体应括三方面的目标：一是课程体系的总目标即培养目标；二是课程目标即具体一门课程的目标；三是课程体系的结构目标

即一般学校制度的培养方案中的目标。以上三个目标之间存在这样的一个层次关系，课程体系的总体目标是位于最上层的目标，课程目标是处于最底层的目标，而课程体系的结构目标则介于两者之间。它们是从抽象到具体的一个过程。总体目标主要阐述原则问题，结构目标分解原则问题，课程目标具体实施。它们涵盖的范围也是越来越小，总体目标统摄全局、过程目标统摄专业学习领域、课程目标统摄具体学科领域。

在罗尧成（2005）的研究中指出课程体系的内容包括：课程体系的组成成分，也就是一个专业应开设哪些课程；课程的联系方式、课程的组织形式、各类课程的比例关系等。其中，组成成分也就是应该开设什么样课程，这是整个课程体系设计的基础。而课程联系及组织形式、各类课程的比例关系则是课程体系能否达到目标的重要体现。组织形式主要涉及所有课程开设的前后顺序。各类课程比例关系主要涉及基础课与专业课，理论课与实践课，必修课与选修课之间的比例关系。

课程体系的实现过程为：是从动态变化的视角来观察课程体系构建好以后如何对其进行评价，以及对不恰当或随社会发展变化需要调整的部分进行有效的调整，以保证整个课程体系适应时代发展的需求。

二、课程体系设计构建原则

胡燕燕（2005）的研究中指出，课程体系设计的构建原则有：全面贯彻高技能人才培养的课程观；坚持能力培养的核心地位；贯彻多元整合的策略思想；坚持开放性原则；实现整体优化的原则；强调特色建设，即课程体系的特色主要体现在与地方经济的结合上。

王前新（2006）的研究指出，课程体系设计中应具有前瞻性、人格化、技术性、实践性的原则。前瞻性是指紧紧跟上职业教育国际化的步伐，培养适应经济全球化、信息全球化，具有国际意识、国际交往和国际竞争能力的人才；主动适应我国经济水平、产业结构、技术结构调整和社会发展的需要，既要着眼于当前的需求，又要考虑到未来发展的需要。人格化是指突出素质本位，将课程目标导向充满生机的学生个体，积极创造和利用一切有利的教育条件，使学生能够主动地将人类科学的、道德的、审美的、劳动的等方面的文化成果内化为自身的较为全面的素养，使学生内部心理和外部行为发生的变化，呈现出生动活泼的、全面发展的态势。技术性是指不仅具有某一特定岗位的专业知识和理论技术，而且也要具备广泛的相关知识和较强的管理、综合实践能力。实践性是指实行产教结合，强化职业技能和专业技术训练，使学生具备实践能力和动手操作能力，使学生的理论知识、实践活动融会贯通，提高毕业生上岗的适应能力。

三、课程体系设计模式概述

（一）模块化的课程体系设计

高等职业学校具有为社会发展服务和为个体发展服务的双重目的。为了保证社会发展的需要，培养目标要有基本的规格，相应地，也要有一套必修课程和教学环节来保障。为了满足个性发展的不同要求，在保证基本规格的前提下，具体的智能结构可以不拘一格，要有可供选修的课程，必修课和选修课就构成基本的模块。这就是板块形态或板块模式理论，也简称"模块论"，包括模块组合论和核心课程论两种主要形态。

1. 模块组合论

模块组合论是指按照学科结构理论和智能结构理论，将课程组设置成模块，根据学生发展的需要来拼搭课程体系。根据课程模块弹性化和因人而异的组合，使课程体系能够兼容多种类型人才的培养。模块组合论的基本要求是课程模块化、拼接合理化和体系弹性化。

（1）课程模块化。全部课程按其所要达到的知识、能力、素养目标，分成若干个课程组，如"必修课程组""指定选修组""任意选修组"；也可分成"必修知识块""指定选修块""任意选修块"；还可分成"主干课程模块""定向课程模块"和"辅修课程模块"；以及分成"专业基础知识块"（包括公共课、基础课、技术基础课、专业基础课）"专业方向知识块"（在同一专业中体现不同专业方向的课程）、"辅助技术知识块""人文社会科学知识块"和"经济管理科学知识块"等。课程或知识分块主要是根据本专业的社会需要、知识的类型和个体的未来发展要求。有了这些模块，构建课程体系就有了前提。

（2）拼接合理化。这是指课程模块之间的拼接要按照一定的要求和规范来进行。主要包括目标一致性，这是指各课程模块都要为总的培养目标或课程体系目标服务。结构层次性，一方面，模块的组织和拼接要反映学科本身固有的逻辑；另一方面，模块的组织和拼接要遵循由简单到复杂、由低级到高级的思维运行轨迹，保证低水平、基础性的学习任务在先，较高水平、专业性的学习任务在后。前一方面是依据学科知识本身的规律提出的要求，后一方面则是根据学习者的身心发展特点做出的规定。有机联系性就是要使课程模块与课程模块之间，以及模块与学习者认知结构之间建立必然的联系，由此使课程结构形成一个完整的体系。

（3）体系弹性化。体系弹性化，首先是课程要求上的弹性化。以往的课程体系在课程设置上统一要求，很少照顾到不同学生不同专业方向的要求。"吃不饱""吃不了""用不了"的情况同时存在。因此，同一门课程对不同的专业和不同的方向，应开出几个品种和档次以显出课程要求的弹性。例如，同是体育课，可开出基础体育课、专项体育课、保健体育课等，可使学生量"体"选学，各得其所；同是力学，根据不同方向，可开设"理论力学""材料力学""弹性力学""塑性力学"等，使学生量"力"定"学"，各有专攻。这样才能满足不同专业、不同专业方向的不同学生的需要。其次，是课程组合中突显个体性。为了保证培养目标的基本实现，为满足社会发展和个体成长的多样性的需要，不拘一格育人才，课程体系也应体现个性化的要求。例如，在指定的某个知识块中，具体选学哪门课程可由学生自定；在修满规定学分的情况下，增加哪些课程由学生做主；在完成主修专业的同时仍有余力辅修其他专业，由学生自选。个性化的要求主要体现了学生的兴趣。但仅凭学生的兴趣，不一定能优化知识结构，还需要导师的选课指导。因此，建立导师制，由富有经验的导师根据社会的需要和学生的兴趣特长，指导学生选课，构建弹性化的课程模块，最终才能形成富有弹性的课程体系。

2. 核心课程论

近年来，高等职业院校在设计课程体系时，发现必修课程模块比较庞大，限制了选修课程的开设。这种现象在不同科类之间是不同的，工科比文科更甚。这是因为工科的教学内容有两个显著的特点：变动性大，随生产力变化而变化；可选性小，在特定的生产力下，其必备知识和能力是比较确定的。因此，为了保证基本培养规格，工科的大多数课程应该是必修的，而选修课只限制在生产技术中那些即将出现尚未成为现实的内容上，或者同主干课程联系不太紧密的内容上。其次，看核心课程论。从词源来看，核心课程是课程体系中居于核心位置的具有生成力的那部分课程，它与课程体系其他部分（或称边缘课程）形成有机的、内在的联系。这一概念一般认为起源于 19 世纪末 20 世纪初，以德国赫尔巴特学派教育家齐勒（T. Ziller）所确立的"齐勒计划（Ziller plan）"，以及美国教育家帕克（F. Parker）的"帕克计划（Parker plan）"为标志。核心课程观必须充分认识学生、社会和学科三者的关系。

在设计核心课程体系时，须处理好"核心课程"与"拓展性课程"的关系。在论述影响"核心课程"与"拓展性课程"关系及其制约因素时，张华博士认为，两者是一种有机的、生成性的关系；社会分工的需要和相关人员的利益，学生变化中的需要、兴趣与关切，以及社会需要和期待等是重要的制约因素。设计"核心课程"受到如下因素的制约：①国家意志是在阶级社会特有的制约因素；②社会生产力是根本的制约因素；③学术领域是最具高等职业教育特色的制约因素；④学生需要是终极的制约因素；⑤课程体系现有发展水平及课程论是来自课程自身的制约因素。在设计课程体系时，"核心课程"与"拓展性课程"是相对的。它是随着课程的价值、评价主体的取向和社会时代背景的不同而呈现出变动关系的。因此，在考察以上制约因素时，不存在确定不移、放之四海而皆准的"核心课程"与"拓展性课程"的关系。开发"核心课程"、确定"核心课程"与"拓展性课程"关系的过程，是一个价值追求的过程。

（二）以能力为本位的课程设计体系

1. 高职学生能力分析

高职学生的能力培养是确定整个课程体系构建最基础的部分。高职学生能力的分析也就是基础分析，包括劳动力市场分析，工作分析、学生分析和教学资源与环境分析。第一，劳动力市场分析应以学校所服务地区的经济、社会和技术发展现状与趋势为基础。不仅是了解产业结构的调整和优化情况、具体企业的劳动力需求状况，而且还对已有毕业生的就业状况进行跟踪和评估。第二，职业分析应以确定的专业设置中包含的具体就业岗位为基础，综合运用工作分析技术，确定岗位的能力规范和能力需求。第三，学生分析应关注社会转型过程的社会心态和特定生源群体的特征。同时，特别强调对个人的特征和先期的经验评估的重要性，这是组织以学生为中心的教学服务的基础。第四，条件和环境的分析中应特别关注教师队伍的建设和企业的合作伙伴关系的建立。最终确定现有条件下应可以达到的学生能力构成。每一种能力的达到就是教育的一个目标，也就是课程体系的目标。

自从 1965 年联合国教科文组织成人教育局局长法国的保罗·朗格朗（Parl Lengrand）提出终身教育思想，短短数年已经在世界各国广泛传播。近 30 年来，关于终身教育概念的讨论可谓众说纷纭，甚至迄今为止也没有统一的权威性定论。当今社会是在不断变化发展的，知识更新快速，一个学习型社会要求每一个社会成员不被社会淘汰的人必须终身学习。而高职教育由于学生基础底子薄、学制短，学生学习自律性相对性较差。在三年的专业学习中所掌握的知训技能有限，这就要求在高职课程体系设计中更应注重学生基础知识的教育，培养学生具备自主学习能力。基础教育与能力培养并没有冲突，基础知识是构建能力大厦的根基，知识在一定条件下能够转化为能力。知识只有转化成能力才能体现其价值。高职很多专业具有很强的实践性，实践能力是学生能力构成中极其重要的一部分，所以在高职课程体系构建优化时，应坚持基础教育与能力培养相结合的原则。

2. 高职能力本位课程体系构建原则

（1）应用为主，够用为度的原则。高职教育区别一般的普通教育，高职教育的第一个特性在于职业性。它对于职业针对性很强，要求学生一毕业就能够适应社会岗位的需要。在整个教育过程中，高职教育更多强调学生的应用能力的培养，学生应用能力的培养不仅仅只是在课堂上掌握，更重要是通过在社会实践中获得。而高职能力本位课程体系构建，正是依据高职教育的特点提出的。但是要体现能力培养，就要求课程体系要充分考虑学生所学知识和技能是否能应用，这就关系课程依据要来源于社会，课程要有让学生充分实践的机会。其次，要以够用为度。这主要依据三个方面原因：首先，高职教育并不要求学生系统掌握一门学科的知识。其次，在我国由于教育制度原因，高职一般只实行 3 年制，而实际教学只有 5 个学期，且在第 6 学期由于寻找工作原因，很多课程无法有效实行。这就要求在课程门类上要有所选择，对相应学科进行整合，以学生够用为度。最后，从高职学生特点来说，高职学生文化基础相对于本科学生要比较弱，且存在学制相对短的情况。这也要求高职院校在课程门类有所选择，各学校应有所侧重。一些课程门类可以通过学生选修进行。基于以上，在考虑学生学习能力的情况下，在能力本位导向下高职专业课程体系构建优化时，应坚持应用为主，够用为度的原则。

（2）以市场需求分析为原则。在廖克玲（2007）指出，目前我国结构性失业问题比较严重，随着经济社会的发展，社会对人才的需求呈现多样化、多层次化的趋势。高职唯有把握住这种市场需求特点和变化趋势，有针对性地培养人才，才能实现学校和社会的双赢。可见市场需求就是一种导向，这是专业建设首要考虑的问题，决定专业开设和特色形成的成败。作为最基本的人文素养及关键能力，职业能力中的基础能力与核心能力大体是一致的。各院校可以根据区域人才结构的特点与自身的优势作出相应的调整。

（三） 以工作过程为导向的课程体系设计模式

姜大源（2010）研究指出，所谓工作过程，指的是个体"为完成一件工作任务并获得工作成果而进行的一个完整的工作程序"。工作过程系统化课程不同于国外的工作过程导向的课程，它是植根于中国高职教育的土壤成长起来一棵极具生命力的小树。它的出现与发展，基于以下的思考：即课程开发必须是在有序性、整体性和生成性的原则下，从实际工作的需要和高职教育需要这两个维度上予以整体设计，必须遵循职业成长和认知学习这两个规律，在从新手到专家、从简单到复杂的学习过程中，使知识、技能和价值观的学习实现融合，集成于一体。

第一步是工作任务分析——典型工作筛选，即根据专业相应工作岗位及岗位群实施典型工作任务分析。要根据高职学生毕业后所从事的职业岗位进行职业工作任务分析。要从大量的工作任务中筛选典型工作。这需要有足够多的样本，样本中有三分之二代表现实的工作岗位，三分之一代表未来的工作岗位。工作任务分析可采取问卷调查、专家访谈、头脑风暴等方式，采用多种统计方法，以筛选出最典型的工作任务。

第二步是行动领域归纳——典型工作整合，即根据能力复杂程度整合典型工作任务形成综合能力领域。由于典型工作是筛选的结果，只有物理变化没有"化学"变化，这就需要对典型工作任务实施进一步归纳，以形成源于典型工作任务而又高于典型工作任务的，符合企业需求的工作领域，或称为行动领域，这是课程体系开发的平台。在这一步，重点关注的是满足企业需求，以使学生毕业后"有饭碗"——保证其社会生存。

第三步是学习领域转换——课程体系构建，即根据职业成长及认知规律递进，重构行动领域转换为课程。作为一种教育，课程设计不能只考虑企业的需求，因为企业的目标是功利性的。功利本身并没有错，这是企业发展所必需的。但是教育还必须关注人的一生发展，因此课程必须融入教育因素。这意味着课程既要遵循职业成长规律，还要遵循认知学习规律。职业成长规律指的是从入门到熟练，从单一到综合，从新手到专家的过程。认知学习规律指的是从简单到复杂，从外围到核心，从形象到抽象。跨界的高职教育的特点，要求高职课程体系的排序融合两个规律，因此必须对课程开发的平台——行动领域实施"教育学"的转换，以形成所谓学习领域体系，也就是课程体系的排序。这将使得学生毕业后有能力获得一个"好饭碗"。

第四步是学习情境设计——学习单元设计，即根据职业特征及完整思维细化学习领域为主题学习情境。学习情境的设计，一要关注职业工作过程的特征，即上述工作过程的六个要素：工作的对象、内容、手段、组织、产品和环境，它们是变化的；二要关注相对固定的思维过程，即个体思维过程的完整性：资讯、决策、计划、实施、检查和评价。需要指出的是，

"学习情境"中的"情境",是个"场"的概念,是"身临其境"的"境",而非"触景生情"的"景"。

以工作任务为导向构建高职教育课程体系,在课程内容上不仅是对原有学科知识的裁剪,而且是要开发新的课程内容体系,即围绕工作任务选择课程内容知识。课程开发实践也表明,工作任务分析成果质量的高低,会在很大程度上影响职业教育课程开发的最终产品。

第三节 高职课程体系设计的反思

一、树立科学的课程体系建构的理念

(一) 专业教育与通识教育相结合

高等职业教育究竟应该是通识教育,还是专业教育,无论在国外,还是在国内一直存在着激烈的争论。19世纪以前,通识教育在西方高等职业教育中占据主导地位的思想。19世纪以后,专业教育的呼声越来越高,专业化成为近代高等职业教育的一大特征。然而,通识教育的主张并未消退,高等职业教育是通识教育还是专业教育的争论,一直未停止。争论中,形成了两种相互对立的观点。一种观点主张高等职业教育是通识教育,旨在给学生一种广博的教育,而不是为学生专门从事某种职业做准备。这种观点认为专业教育局限性太大,不利于学生的全面发展,不利于学生适应社会和职业的变化。另一种观点则主张,高等职业教育不是通识教育,而是专业教育。能培养专业技术人员,给学生以区别于技术培训的专业教育。这种观点认为,让学生用三年时间学习一些与现实无多大关系的理论知识,既浪费时间,又浪费金钱。这两种主张在不同的时期,不同的国家都有其实践者。在美国，战后高等职业教育课程，一个时期强调通识教育，一个时期强调专业教育，就像钟摆，摇摆不定。新中国成立后，我国高等职业教育强调的是专业教育，忽视通识教育，是一种以培养专门人才为特征的专业教育。

专业教育是随着社会分工和科学技术的不断分化而逐步发展起来的。在世界各国，专业教育曾为各行各业输送了大量高级专门人才，为经济的发展起了不可替代的作用，因此专业教育有其合理性。但过分专业化的教育也存在严重的弊端。这在学生的"做事"和"做人"方面都有表现。在"做事"方面，由于专业目标狭窄，学生的知识和能力仅限于某一狭窄的领域，不能适应社会和科学技术的发展，以及由此带来的职业和工作岗位变换的需要，更缺乏不断自我发展和不断创新的能力。在"做人"方面，由于专业教育忽视普通科学文化知识，造成了有的大学毕业生缺乏基本技能，缺乏审美情趣和鉴赏能力，在政治思想、道德品质等方面存在较严重的问题，影响了做为一个人的整体素质的全面、和谐发展，反过来又进一步影响了"做事'能力的发展。

通识教育是相对于专业教育而言的。专业教育授予学生从事某一职业所需的知识和技能，它是为学生从事某一职业做准备的，主要培养学生"做事"的能力。而通识教育是一种非职业性、非专业性教育，其目的在于培养积极参与社会生活的、有社会责任感的、全面发展的合格的公民。它关注学生"做人"方面的教育，关注学生的道德、情感、理智的和谐发展。在内容方面，它强调基本知识、基本技能和态度的教育，它是对专业教育导致的人的片面发展的一种矫正。

根据上面的分析，我们认为，高等职业教育应该是专业教育与通识教育相结合的教育，是教学生"做事"与"做人"相结合的教育。现代社会分工越来越细，科学技术和知识体系不断分化，一个大学毕业生只有具备一定的专业知识和技能，学会"做事"，才能在社会生存和发展。高职教育应突出职业性强化专业性，专业教育有其存在的必然性、必要性、合理性，不可能完全消失。然而，从人的发展、社会的发展和科学技术发展的需要来看，仅仅进行专业教育是远远不够的。过分专业化的教育只能使学生的各方面的素质局限于某一狭窄的领域，成为只会"做事"（只会做某一专业领域的"事"）而不能很好"做人"的片面发展的人。另外，过分的专业化也不能适应科学技术综合化和知识更新、职业变换、社会发展的需要。

（二） 以培养创新素质和实践能力为重点

在传统的课程理念中，课程仅仅是传递现成知识的载体和工具，课程的创新价值则被忽视。高等职业院校课程体系改革与建构必须摒弃这种理念，树立以培养学生创新素质为重心的理念。21世纪将是知识经济时代，而知识经济的灵魂是创新。创新是一个国家兴旺发达的不竭动力，一个国家只有通过创新抢占知识经济的制高点，才能在国际竞争中立于不败之地。在知识经济时代，经济和科技的竞争，归根结底是人才创新素质的竞争。高等职业教育在知识经济中具有特别重要的地位。它一方面具有文化创新和知识创新的功能；另一方面，它肩负着培养具有创新素质人才的重任。课程在教育事业中居于核心地位，是教育的"心脏"，是联系教育理念和具体的教育实践的"桥梁"，是实现教育目标的手段。因此，高等学校要在知识经济中充分发挥自己的功能，就必须使课程体系的改革与建构以培养具有创新素质的人才为重心。培养学生的创新素质不仅包括培养学生的创新能力、创新技法，还包括培养学生的创新意识、创新精神。因为一个只有创新能力，而在非智力因素方面存在缺陷的人很难有所创新。培养学生的创新素质，必须在课程目标、课程设置、课程类型、课程内容及其结构等方面得到体现，并通过课程的实施落到实处。实践既是理论与技术创新的途径，又是具有创新性的理论实现其价值的手段，也是培养学生多种能力所必需的方法。所以，我国高等职业院校课程体系的改革必须突出学生实践能力的培养，使毕业生成为善创新，会实践的人。

(三) 科学教育与人文教育相结合

有一种观念认为，高等学校是研究高深学问的地方，高等职业教育的本质特点是传授、发展科学技术，培养高级专门人才；道德品质和文化素质教育则是基础教育的任务。目前，高等职业教育重视科学教育，忽视人文教育；重视科学知识教育，轻视科学态度、科学精神教育的做法与这一观念有一定的关系。课程体系改革与建构必须破除这种观念，确立新的理念。科技和社会发展的历史，以及理论研究和现实的实践经验表明，高等职业教育培养出来的人才能否在实际工作中有所创新、有所建树，为国家、为人民、为社会做出贡献，不仅取决于其所具有的科学知识水平和智能水平，而且取决于其所具有的科学精神、人文精神和相关的非智力因素。创新人才往往具有坚实的科学知识基础、较强的创新能力、积极的创新情感、敢于创新的个性、崇高的社会责任感。因此，要培养具有创新素质的人才，高等职业院校的课程体系的改革和建构，无论文科、理科还是工科，都必须既重视科学教育课程，又重视人文教育课程；既重视自然科学课程，又重视社会科学课程，实现科学教育与人文教育的整合。同时，在科学教育中，既要重视科学知识教育，更要重视科学方法、科学态度、科学精神教育，实现科学知识与科学方法、科学态度、科学精神的整合。

二、协调不同类型课程间的比例

(一) 协调好基础课与专业课的比例关系，实现基础课程平台化

专业教育课程是高等职业教育的本质特征，"高等职业教育是建立在普通基础教育上的，以培养高级专门人才为目标的教育"。随着现代高新科技

的迅猛发展，社会分工越来越细，也越来越走向整合。未来最具竞争力的知识结构是"T"形的多元化知识结构，即在广博基础上的专精。因此，高等职业院校课程结构必须实现专业课程与基础课程的合理结合，在以专业教育为主导的同时，也要强调知识的适用性和广泛性。应拓宽专业基础，加强通识教育，横向打通共同的基础课程，实施跨学科、跨专业的联合，构筑起公共基础课程平台、学科基础课程平台、专业基础课程平台专业技能课程平台等相互联系且逐级递进的平台化课程结构，以提供学生未来发展所需的知识、能力广度，变传统的职业性专业教育为厚基础的专业素质教育，从而从根本上支撑宽口径人才培养目标的要求。

（二）协调好必修课和选修课的比例关系，实现选修课程模块化

必修课程能保证所培养人才的基本规格和基本质量要求所必须掌握的知识和技能。选修课是照顾个人兴趣、爱好和特长，满足个性发展需要而让学生自主选择的课程。只有两者优化结合才是解决学生共性与个性、打好基础和发挥特长等教学矛盾的重要途径。加大选修课程的比例，实行灵活的模块化课程设置，是高等职业院校课程结构优化的一大趋势。通过专业方向选修模块化，可以提供给学生在某一专业领域较为完整的知识结构，有助于学生的专业分流培养，满足学生的职业兴趣；而通过任选课模块化则能够依据关联的主题，将人文社会、自然、工程等不同学科知识进行系统集成，充分体现出人才培养的知识整体性、学科交融性和学生个性要求，避免学生选课的盲从，有利于复合型人才的培养。

（三）协调好理论课和实践课的比例关系，实现实践课程一体化

长期以来，高等职业院校课程结构中存在忽视实践性环节的倾向，理论课和实践课的比例关系严重失调，实践性课程仅占到总课时的 10%～

20%。相对于理论课的系统性，实践课程则处于分散的从属地位，形式单一，综合程度不高，并且与理论相脱节。这导致当代大学生解决实际问题的应用能力缺失与社会发展需求的矛盾日益突出。培养具有较强实践能力的创新人才成为了各高等职业院校的共性要求。为此，在课程结构的优化中无疑要切实加强实践性环节，转变实践课程依附于理论课程的观念，建立起科学、完整和相对独立的实践课程体系，包括课程实验、课程设计、毕业设计、工程训练、认识实习和生产实习、毕业实习、社会实践、科技活动等环节，各环节相互联系，融为一体。同时，应注重实践性课程形式的综合化和科研化，提高综合性、设计性实验实践的比例，并注重与理论课程的并行推进、有机结合，使实践教学贯穿于整个培养过程之中。

（四）协调好课内课程和课外课程的比例关系，实现课外课程多样化

高职教育作为学习与实践相结合的职业教育，要求学生除了掌握基础理论和基本技能之外，还须发展独立探求知识和自主学习的能力。而减少课内学时、加强课外指导恰恰是与大学生的学习特点相适应的。同时，课外教学环节作为课内教学环节的有效补充和延伸，也是培养学生创新精神和综合素质的重要途径。因此，要改变重课内轻课外的课程结构。课程设计要具有大课程观，协调和整合课内外课程资源，开设多层次、形式多样的第二课堂，将各类学术讲座、学科竞赛活动、科技创新活动、社会实践、公益活动等与学分挂钩，使之具体纳入课程体系中，全方位地对大学生进行素质教育。

三、建构合理、优化的课程体系

目前，我国高等职业院校的课程主要是按照学科分化的体系来确定科

目，设置课程的。这种分科课程对于使学生掌握某一专业的知识，培养专门人才有一定的合理性。今后，分科课程在高等职业院校课程体系中仍将占有重要的地位。但是，新时代要求高等职业院校培养具有综合素质的全面发展的"复合型"人才。因此，高等职业院校的课程必须进行有机的整合，实行课程的综合化。课程综合化的途径有：①专业设置的综合化。对专业结构进行调整、改造，使其向基础化和非专业化方向发展，根据需要与可能建立综合性的新专业。②课程内容的综合化。课程内容的综合化是课程综合化的最重要、最基本的内容。它主要包括：开设边缘学科、开设综合性学科、合并已有的有关学科；在某一学科中借用其他学科领域的思想、概念；在某一学科中，有效地利用其他学科领域的方法和认识手段，开设与专业紧密相关的"卫星课"。这种课程引导学生用所学专业知识认识、解决有关学科的理论与实际问题，探讨所学专业知识与其他学科知识的关系。③课程实施的综合化。第一，不同学科的教师共同教授一门综合课程，即实行协同教学。第二，在分科课程教学中加强科际联系，实现科际间知识、能力、方法、精神等的综合，即实施综合教学。为了克服分科课程的缺陷，培养"复合型"人才，在分科课程教学中也要加强综合。教师在分科课程的教学中要努力探寻本学科知识、能力、方法、精神与相关学科的知识、能力、方法、精神的有机联系和有机综合。同时，以问题为中心组织教学内容进行教学，这也是在分科课程教学中实现有关学科知识、能力、方法、精神的综合的好方法。

课程是教学活动中的内容与实施过程的统一。课程的目标能否实现，既取决于课程结构和内容，又取决于课程的实施。教学是课程实施的核心环节和基本途径，因此，许多人将课程实施与教学视为同义语。美国著名课程论专家古德莱德在划分课程的类型时，就将"教学层次的课程"作为一种课程类型。"教学层次的课程"就是教师在课堂上实际实施的课程，属于课程实施的范畴。为了克服以往课程实施的弊端，全面地、更好地实现课程的目标，在新的课程的实施中需要注意以下几个问题：①改变学生的学习方式。在课程实施过程中，学生的学习方式直接影响其态度和性格倾向。如果学生在教学过程中只是被动地接受和机械地模仿教师传授的内容，往往容易养成盲从的态度和性格；如果教师注意调动学生学习的主动性，让学生在教师的引导下自行探究知识和结论，就易使学生养成独立地、创造性地工作的态度和性格。因此，为了培养学生的创新素质，在课程实施中，教师要注意激发学生学习的兴趣和主动性，让学生创造性地进行学习。

摒弃灌输现成概念、原理、结论的"填鸭式"的单向教学方法，运用重视学生能力培养的双向性、发展性的教学方法。在课程实施过程中，要引导学生摒弃"照单全收"的接受型、认同型学习现，树立创新型的学习观，鼓励学生敢于质疑，敢于提出自己的观点和看法。在课程实施过程中，教师要实现角色的转换，由现成知识的灌输者变为学生探究真理的指导者，将学生置于学习者的主体地位上，尽可能让学生经历知识和结论的探究过程，使学生成为真理的探究者和发现者。

创造条件，给学生较多的自由思考和自主学习的时间。如通过优化课程设置、课程内容，缩减课时，保证学生有充足的时间用于自由思考和自主学习；通过课堂问答、作业、写论文促使学生自学；以问题为中心，通过举办高质量的课堂讨论，培养学生发散思维能力，分析和解决问题的能力。

加强教学中的实践环节和活动教学，突出学生实践能力的培养。一切需要学生动手，需要学生操作、实践的内容和环节，都要让学生动手去做、去实践，在实践中培养学生的实践能力。要加强实验课，实验课要特别注意让学生根据实验提出的问题，独立运用已有的知识和方法去设计实验方案，然后通过实验观察、分析实验现象，获得问题的答案，以培养学生的创新意识和实验能力。

第三章　国外高职课程体系设计的内容

第一节　德国和日本的高职课程设计体系

一、德国的高职课程设计体系

德国职业教育历史悠久，早在德意志帝国建立之前就已制定了职业培训最低的法规要求。后来德国经济高速发展，使现行教育政策和实际的就业需求之间出现了矛盾——人才断层现象，即缺乏应用型高级管理、技术服务人才。对此，奔驰等三家公司联合符腾堡州立管理与经济学院，创立校企联合办学的新型高等学校——职业学院，这种学校在其他州也相继建立起来。随后，巴符州教育部根据各州教育部联席会议的决议，正式认定职业学院的毕业证书与专科大学等值，从而确立了职业学院在第三级教育中的地位，同时将双元制教育模式引进职业学院。

（一）双元制模式

德国职业教育的主要形式是校企结合的双元制职业技术教育。双元制职业教育是指，学生既在企业里接受职业技能和与之相关的专业知识培训，又在学校里接受专业理论和普通文化知识教育，是一种企业与学校、理论知识与实践技能紧密集合，以培养高水平的专业技术人才为目标的职业教育制度。双元制最初在职业学校实施，后来逐渐发展到高职教育。双元制职业教育的课程体系由培训企业的课程和职业学校的课程两部分组成。

双元制教育的课程结构是由三部分构成，即普通课程、专业课程、实践课程。专业课程由专业理论、专业计算与专业制图三门课组成。所有专业课程、实践课程的内容都按培训条例的要求，划分为基础培训、专业培训、专长培训三个逐级上升的层次。这种课程结构称为"核心阶梯式"。双元制模式的理论课程内容设置是以职业活动为中心，其课程结构是一种建立在宽厚专业训练基础之上，具有综合性、以职业活动为核心的阶梯式课程结构。理论课知识面广、综合性强、深浅适度，有利于培养学生的综合分析问题和解决问题的能力。实践课程则以职业技能、职业能力的训练与生产实习相结合的实践活动来体现，具有明显的过程属性，在其课程内容选择与编排上注重直接性的职业经验。职业技能训练是以职业活动为核心的培训过程，学生通过完成一系列的工件制作来实现，每一工件都是该职业中的具体职业活动，这样就能达到培养学生掌握有效职业技能和职业能力的目的。

（二）学习领域课程指南

科技进步和劳动生产水平的提高，企业对劳动力的职业素质和行为要求发生了很大变化。双元制模式中的企业培训与职业教育在衔接沟通上出现了问题。作为配合方的职业学校教育，难以适时满足企业界的要求，影响了职业教育的整体成效。企业界对职业学校教学的批评主要集中在职业学校的课程方面。一是专业系统性太强，缺乏对职业实践的具体指导意义；二是学科教学内容重复且落后，难以适应科技发展与职业提升的要求；三是过于强调概念，忽视经验性知识而偏重纯理论知识。

针对以上问题和本着对经济、社会和生态负责任的态度，之后，德国呼吁改革职业教育课程，之后，德国各州文教部长联席会议颁布了职业学校使用的被称为"学习领域"的课程指南。所谓学习领域课程指的是工作过程系统化的课程，一个学习领域由能力描述的学习目标、任务陈述的学习内容和总量给定的学习时间三部分构成。学习领域旨在强调高新技术条件下与工作过程有关的隐性知识——经验的重要地位，同时也强调学科体系知识不应通过灌输，而应由学生在学习过程的"行动"中自我构建而获得。它是由工作过程导出"行动领域"，再经教学整合形成"学习领域"，通过具体的"学习情境"来实施，具有整体性、合作性、个性化的特点。学习领域课程方案以综合职业能力和素质培养为目标，发展专业能力的同时，促进关键能力的发展。

学习领域是对双元制模式的继承与创新、扬弃与发展，它符合时代发展要求，体现了职业教育的本质特征，进一步提高了德国职业教育与经济、企业的契合度，同时也成为世界职业教育课程体系的楷模。

（三）德国高职教育课程的反思

为培养适应现代社会企业对技术工人的要求，德国的高职教育在注重职业基本能力培养的同时，将专业能力、方法能力和社会能力综合起来贯穿于整个教学过程，为学生应对未来职业发生变更或劳动组织发生变化时，能在社会上重新定位的关键能力奠定基础。关键能力是一种专门的职业技能和职业知识没有直接联系，但又超出职业技能和职业知识范畴的能力。它已成为劳动者的基本素质，不会随着职业或劳动组织的变化而变化。在培养过程中，通过让学生参与实际工作中的资讯信息、计划决策、实施、检查、评估这一完整的工作过程，旨在培养学生独立学习、独立计划、独立实施、独立控制与评价的能力，以期达到能力培养为目标的目的。

1. 以职业活动为课程体系设置的核心

德国双元制职业教育课程采用以职业活动为核心的阶梯式课程结构。

它是一种建立在宽厚的专业训练基础上，具有综合性的课程结构。它注重整体能力的培养，而不是强调各学科知识的系统性和完整性，具有广泛性、融合性和实用性的特点。

德国高职教育的课程主要分为理论课和实践课两大类。这两类课程的设置和安排主要是围绕着培养具有基本职业能力和关键能力的人才设计的。所有课程又都分为基础培训、专业培训和专长培训三个层次，呈阶梯式逐渐上升。无论哪一阶梯的培训，三门课程始终都是围绕职业活动从泛到精、由浅入深地进行。课程实施以校企双方合为基础，学校按照各州总体教学计划实施理论课程教学，企业按照联邦培训条例在企业内实施实践课程培训。双方通过教育文化部或自主的形式加以协调，保证理论与实践有效结合，共同合作达到国家对职业人才的总体教育目标。

2. 以学生为主体的教学过程

任何课程内容都要通过一定的教学活动才能转化为学生的知识和技能。以职业能力为本位的培养目标，要求以学生为主体组织教学活动。德国的职业教育无论是在理论教学还是实践教学，都以学生为主体，为促进学生的职业能力发展而服务。它在教学方法上避免使用传统教学中归纳演绎等方法，而是采用引导式、小组学习法等方法。这种方法有利于培养学生独立学习和提高专业技能，同时独立工作能力、创造能力、与他人合作的能力等均得到了全面的训练和提高。

以学生为主体的教学过程，改变了传统教学中教师与学生的地位。在教学过程中，教师不再主要是知识的传授者、讲解者。而是指导者与咨询者学生也由被动地接受者变为主动地获取者，其主动性和积极性得到了充分的发挥。

总之，德国构建高职课程体系的主旨是培养学生的职业能力，理论联系实际，以学生亲临工作过程或参与模拟工作现场为手段，加强学生与工作的联系，形成完整的思维能力，进一步提升学生的综合能力。

二、日本的高职课程体系设计

日本是世界上公认的职业教育"企业模式"的代表。文部科学省管辖的学校职业教育与厚生劳动省所管辖的职业培训（现改为职业能力开发），共同组成日本的职业教育体系。面对经济的全球化与国际竞争的加剧，以及产业结构的变化、技术个性与信息化的推进等导致的产业社会的高移、就业形态的多样，以及由此带来的就业结构变化，文部行政指导下的注重人文的学校职业教育和文部省管辖以外的注重实践的企业职业教育的分离模式，不能适应日本产业社会与企业对职业教育的期待。为改革传统的日本职业教育企业与学校的分离状况，日本文部科学、厚生劳动、经济产业、经济财政政策等负责人于 2003 年 6 月共同制定了《青年自立和挑战计划》。其主要内容包括：第一，实施从教育到职业工作转移的职业生涯形成和就业的援助；第二，实施日本模式的职业教育"双元制"；第三，推进针对青年职业生涯形成的援助活动；第四，建立和完善面向年轻人的劳动市场；第五，与地方联手合作，开展年轻人的就业援助对策等。日本内阁在 2003 年 6 月 27 日发布《关于经济财政运行与结构改革的基本方针——2003》，重申了建立日本模式的"双元制"职业教育的决定，导入"实务与教育相联结的人才培育制度"，其目标在于：其一，致力于建立一个新型的职业教育制度；其二，致力于建立一个真实的职业体验情境；其三，致力于建立一个有效的能力评价标准。

日本在新世纪职业教育改革的进程中所进行的日本模式的"双元制"职业教育的探索，表明日本职业学校与产业企业在三个方面实现了"校企合作"转向。

第一，教育部门与劳动部门的合作，行政管理的"双元性"。日本模式"双元制"职业教育的行政管理，以日本厚生劳动省为主体，由日本文部科学大臣、厚生劳动大臣、经济产业大臣以及经济财政担当大臣共同推进。为克服日本职业教育"双轨"导致的固有缺失，克服从学校到工作的脱节，2004年2月20日，文部科学省发布关于专业（职业）高中"日本版双元制"调查研究合作者会议报告书《为了职业高中推进"日本模式双元制"——为了实务与教育相连接的新的人才培育体系的政策建议》，并决定从2004年4月开始由厚生劳动省与文部科学省在全国共同推进。日本职业教育走向"元制"，表明劳动部门与教育部门共同推进，是顺应职业教育规律的国家决策。

第二，产业企业与职业学校的合作，实施机构的"双元性"。日本模式的"双元制"职业教育的实施机构，有两类：一是学习者首先被教育培训机构接受后，以职业学校等教育培训机构为主体的"教育培训机构主导型"；二是学习者首先被企业录用后，以企业为主体的"企业主导型"。"教育培训机构主导型"由学校等教育培训机构寻找相应的能够接受学生培训的企业，学校和合作企业共同制订培训计划，在实行学校内职业理论学习的同时，委托企业实施实践培训；而"企业主导型"则由企业将年轻人以非正式雇用的形式录取为培训生，再由企业寻找相应的学校等教育机构，与学校共同制订培训计划。日本职业教育走向"双元制"，表明企业与学校合作办学也是顺应职业教育规律的结果。

第三，离岗学习与在岗培训的合作，教学内容的"双元性"。日本模式的"双元制"职业教育的实施形式，有三种：其一为每周3天在教育培训机构集中培训（0ff-JT），2天在企业接受在岗培训（OJT）；其二为上午在教育培训机构的集中培训，下午在企业在岗培训；其三为每1~2个月，教育培训机构的集中培训与企业的在岗培训交替进行。其教学计划以及教学内容，均由教育培训机构和参加培训的企业共同制定与合作实施。其中，学校等教育培训机构实施与企业同一职业领域相关的理论知识学习；企业则主要根据培训计划开展实习和在岗培训，学习费用原则上由培训者负担。

日本职业教育走向"双元制"，由企业与学校共同开发教学内容，表明校企合作育人更是顺应职业教育规律的选择。

综上所述，日本在新世纪职业教育改革的进程中进行的日本模式的"双元制"职业教育探索，表明日本职业学校与产业企业在三个方面实现了"校企合作"转向。宏观决策层面的文部省与劳动省的合作，是基于"双元性"的职业教育行政管理的合作转向；中观办学层面的企业与学校的合作，是基于"双元性"的职业教育实施机构的合作转向；微观教学层面的离岗学习与在岗培训的合作，是基于"双元性"的职业教育教学内容的合作转向。日本针对校企分离的"双轨"并行的职业教育体系，即对企业职业教育的实践性、针对性、技能性和学校职业教育的养成性、基础性、宽松性的反思，促成了"企业和学校交替进行实务与教育相连接"的日本模式的"双元制"职业教育的诞生。显然，从"双轨"并行走向"双元"融合，职业教育的合作转向是世界性的大趋势。

总之，日本实施高职的三类学校：高等专科学校、短期大学和专修学校。它们的课程各有特点，如高等专科学校主要偏向制造业，短期大学主要偏向服务业，专修学校则富有多样性。但在课程的设置上，总体上比较一致，那就是十分重视应用技术、技能的培养，强调实用性，课程与工作的匹配程度较高，课程的理论深度则不是很高。理论与实践能够达到较好的互相渗透互相融合。

第二节　美国的高职课程设计体系

美国的高职教育体系属于典型的单轨制，不设有单独的职业院校，一般的中小学都开设职业教育方面的课程。在高等教育阶段，职业教育主要由社区学院及大学的技术学院承担。社区学院一般学制 2 年，毕业后授予副学士学位。技术学院为本科学制，学生在高中毕业后可直接升入技术学院，社区学院毕业生也可转入技术学院继续完成本科学业。

　　美国在 20 世纪 60 年代颁布了《职业教育法》和《职业教育法修正案》，明确了职业教育的经费投入、职业教育的性质、发展策略等，通过这些立法促进了职业教育的发展。1990 年，美国颁布《卡尔·帕金斯职业技术教育法案》，进一步促进了高职教育课程建设及课程体系的完善。根据该法案，政府对技术准备课程、整合理论知识和应用技术的综合课程等进行经费资助。根据该法案，高中阶段后两年的职业教育成为高中后职业技术教育的准备阶段，两者互相衔接。高职院校与中学通过校际合作或签订合同的方式，来统一制定并实施各层次的课程教学大纲和相近专业的教学计划，使技术准备课程与社区学院、技术学院的职业技术课程之间建立有机的联系。技术准备课程为学生进一步接受高职教育做好准备和打下基础，注重知识与职业技术学习的有机结合，注重实用性。例如，开设应用科学、实用数学、技术等综合课程。1994 年，美国又颁布了《国家技能标准法案》，提出实施统一的国家技能标准，规范美国技能认证制度，提高整体劳动者职业技能水平。同时，成立了国家技能标准委员会（NSSB），建立了统一的国家技能标准框架体系。NSSB 下的行业联合会具体制订各个行业的技能标准，这为高职教育的课程体系开发提供了蓝本，促使高职教育能适应产业的迅速发展。1998 年，《卡尔·帕金斯职业技术教育法案》第三次修订，对"技术准备计划"的内涵作了进一步阐述。"技术准备计划"是美国政府为经济发展而制定的一套职业教育发展指导方针，这一计划要求社区学院、技术学院、综合中学及各类私立教育机构共同合作参与，使得就业、升学、终身发展、提高技术水平和教育效率等多个目标整合起来。

　　美国高职教育主要是以课程为模块的，学生通过选择相关的课程来完成职业教育。在中小学，学生就可选修相应的职业技术课程。在社区学院，学生可以选择职业技术课程，并获得相应的文凭，并且可同时选修大学本科的基础课程。学生所修的学分可以得到其他院校承认，在毕业后可转入普通大学。在美国，也有一些获得本科甚至研究生学位的毕业生重新回到社区学院选修职业技术课程，以便在就业市场上更具竞争力。这样的高职教育体系无疑是人性化的。一方面，学生可有更多的选择和机会，在这样的体系中，个人的发展得到充分的保证；另一方面，美国的高职教育体系也有利于培养基础宽泛的高素质技能人才。

一、国家技能标准委员会的职责

美国于 1994 年成立了国家技能标准委员会（National Skill Standards Board，下文简称 NSSB）。NSSB 是商业、劳动力、雇员、教育部门和其他社会团体领导者组织的同盟，致力于开发行业的技能标准，进而构建一个全国性的技能评价和认证体系。开发国家技能标准的目的是为了满足产业部门高效工作运行的需要，明确一线劳动力在当今经济竞争下需承担的责任和具备的能力力。美国社区学院的课程体系正是建立在国家技能标准的基础上，反映了产业对人才的需求。根据 NSSB 的定义，国家技能标准主要回答以下两个问题：劳动者需要做些什么来良好地履行工作职责；劳动者须具备哪些知识和技能才能胜任工作。因此，美国国家技能标准分为"工作导向部分"和"劳动者导向部分"。"工作导向部分"主要描述对于一个特定的工作来说，有哪些主要工作职责？如何履行工作职责？出色完成工作职责的标准是什么？"劳动者导向部分"主要描述劳动者应具备哪些知识和技能才能确保履行工作职责。NSSB 将这些知识和技能分为三种类型：①学术性知识和技能，指与阅读、写作、教学和科学等理论学科相关联的知识和技能；②应用性知识和技能，用于在较宽泛的职业领域有效工作的应用性知识和技能，如团队合作、收集分析信息、做出决策和及难题解决等；③职业技术性知识和技能，工作所需要的特定技术和职业性知识和技能，如发动机维修、销售策略的知识和数据库编程等。NSSB 下的行业志愿组织把工作导向部分和劳动者导向部分结合起来，描述了履行每一项工作职责应具备怎样的知识和技能。

根据行业需求制订的国家技能标准是高职课程开发的依据，如美国的跨州学术和职业课程联盟（MAVCC），根据统一的技能标准为多个社区学院开发课程与教材，以确保高职教育质量和人才培养规格。抽样调查数据显示，2000 年，美国社区学院各专业将技能标准用于专业教学的比例为：商业、行政管理、信息技术 87%，健康事业 82%，自动化 73%，建筑、贸易 67%，制造 67%，家庭消费、儿童护理 59%，形象艺术 50%，工业 47%，酒店管理 46%，农业 37%。此外，国家技能标准是随着产业结构调整和技术发展而不断被更新的，这样的课程开发模式无疑是确保高职教育密切联系产业发展的良好机制。

二、CBE 模式下的课程设置

美国职业教育培训的人才为"宽专多能型"，这与其社会特征是相吻合的。其培养目标主要是 CBE 模式，"以能力为基础的教育（Competency Based Education）"简称 CBE，主要有以下特点。首先，由学校聘请行业中一批具有代表性的专家组成专业委员会，按照岗位的需要，层层分解，确定从事这一职业所应具备的能力，明确培养目标。然后，由学校组织相关教学人员，按照教学规律，将相同、相近的各项能力进行总结、归纳，构成教学模块，制定教学大纲。其科学性体现在它打破了以传统的公共课、专业基础课为主导的教学模式，强调以岗位群所需职业能力的培养为核心，保证了职业能力培养目标的顺利实现。

美国 CBE 模式下的课程开发是应用 DACUM 方法（Developing a Curriculum）来完成的。它以满足工厂企业对教育对象的要求为基本原则，课程开发的出发点是职业岗位而不是传统学科，它是岗位本位而不是学位本位。CBE 模式的指导思想和课程开发方法使人们意识到，不同人才类型是有不同培养规格和课程模式的，因此，不存在离开人才特征的统一的课程标准，人才特征决定教学特征。具体来说，美国高等职业教育的课程体系包括普通课程、职业课程与学术课程3个部分。课程设置相互交融、相互交叉。普通高中开设了职业课程，职业学校开设了普通课程。或者在普通高中或职业学校开设普通、职业和学术相结合的综合性课程，或者开设职业前途教育课程即是融职业教育、普通教育和大学预备教育为一体的课程。职业前途教育课程可沟通职业教育和普通教育，它是分年龄段实施职业教育，从小学到中学三个阶段：一是职业了解阶段；二是业探索阶段；三是职业就业阶段，且学术课程与职业课程相互结合。

美国职业学校根据社会需求设置课程并及时调整专业门类。学生根据劳动力市场变化需要选择自己的专业方向。为了促进高等教育职业化，社区学院开设普通教育和职业教育的综合课程，兼顾学术性与职业性。除了开设综合课程之外，还开设技术性课程，并且技术性课程比例不断上升。基础课与技术课之比达到38：62，理论课与实验课之比在53：47。课程教学内容从职业需要出发来安排，不同专业之间在课程设置、周学时、讲授内容等都有差别。基础理论课教学宽而浅，强调实用，突出职业性。这样，学生所选择的课程应用性强，更能使职业教育适应社会的需要。

（一）基础教育中的职业技术课程

美国的生计教育也就是职业前途教育，其内容涉及范围广泛。生计教育课程大致可分为职业了解、职业探索、职业选择三个阶段。它贯穿于整个基础教育和中等后教育中，就是在大学仍设有生计计划课程。职业了解在小学进行，职业探索在初中进行，职业选择在高中进行。由于美国基本普及12年义务教育，其职业技术教育重点放在高中和高中后。

（二）综合高中的职业技术教育课程

为适应今后学生从事各种职业的需要，美国的综合高中开设很多职业技术课程，如瓦润高级中学开设的 100 多门课程中，有大约 40% 是职业技术课程。这些课程分为农业教育、商业教育、汽车驾驶教育、技术教育、家政教育和职业教育六大类。除职业教育是在职业学校进行外（每门课程 3 学分），其余属技术教育，在本校进行。这些课程每一门占 0.5~1 个学分，都是选学课程。

（三）职业技术学校的课程设置

美国的职业技术学校有两种。一种是培养技术工人的职业学校，如鲍灵格林职业技术学校，可承担它附近六所高中的技术教育，每周每所高中的学生来该校学习三小时。它设置的课程有：汽车修理、制图、焊接、电子制作、电器修理、建筑、食品加工等。一年分四个学期，学制很灵活，而且设有白天课程和夜间课程，以适应不同学生的需要。另一种职业技术学校，是以培养介于工程师和工人之间的技术人员为目的的职业技术学校。其学制二年，学生完成学业后可获得先进技术中心的毕业证书。它可以和某个大学联合，如肯塔基先进技术中心学校学生在完成该校学业的同时，也就完成了西肯塔基大学的社区学院 64 个学分中的 34 个学分，并同时获得西肯塔基大学社区学院的大专文凭。

（四）从学校到工作的过渡计划课程

1995 年，美联邦政府拨款 2.5 亿美元用于启动"从学校到工作的过渡计划"。其课程内容包括三项：一是工作学习，包括一个工作训练和工作经验计划，其中要有支付工资的工作项目；二是学校学习，包括职业了解和职业探索；三是联系活动，包括为学生找到在雇主企业中工作、学习的机会，并在雇主、学校、学生之间建立合作关系等。该"过渡计划"形式多样，主要有青年学徒项目、技术准备项目、职业专科学校、职业教育合同项目、校办企业等。其中，比较典型的形式是青年学徒项目和技术准备项目。前者由高中、社区学院和企业相互合作，把学生安排在企业中工作，并在社区学院的指导下学习相关职业技术课程，学生不仅取得学分，还能得到报酬。学生若进入社区学院进一步学习，毕业时可同时获得大专学历和熟练技术工人的资格。后者是由四年职业定向的课程组成，始于高三年级，结束于获得大专学位。这种形式把高中教育（高中三、四年级）与大专（一、二年级）教育相结合，又称"2+2模式"。高中阶段学生除学习必修课外，还学习有关的职业技术。高中毕业既具备进入社区学院相应专业继续学习的机会，又具备熟练技术工人的资格。学生在高中所学的职业技术的学分，既是高中毕业所需的学分，又是社区学院相应专业的学分。

美国的职业技术教育之所以取得很大成就，为本国社会、经济发展做出了很大的贡献。这与其职业教育课程设置面广是分不开的，其培养的学生无论是在普通中学毕业还是职业中学毕业都有一定的职业素养。

第三节　澳大利亚和英国的高职课程设计体系

一、澳大利亚高职教育概述

在殖民地时期，澳大利亚职业教育与培训系统深受英联邦的影响，主要采用英国的学徒制。虽然当时欧洲一些国家已经开办行业学校进行贸易方面的培训，但是英国仍然采取传统的学徒制。澳大利亚也是如此，直到19世纪末，技术教育才开始成长起来。一直到第二次世界大战时期，澳大利亚职业教育都主要采用学徒制的形式。

第二次世界大战后，为满足战后政治和经济发展的需要，澳大利亚政府制定了促进二战重建的职业教育与培训政策。这个时期的政策，一方面注重加强联邦政府对职业教育与培训系统的管理。例如，《1945 年教育法》（*Education Act* 1945）提出扩大联邦政府的权力。另一方面注重扩大职业教育与培训的覆盖范围。1944 年的《联邦重建培训计划》（*Commonwealth Reconstruction Training Scheme*）提出为妇女和退伍军人提供六个月的培训，改善其就业机会。二战结束后，澳大利亚所有州都开办了初等技术学校（Junior Technical School），初等技术学校成为二战后小学后教育的主要形式。于是，基于学校的技术教育与学徒系统整合起来。二十世纪五六十年代，澳大利亚经济发展迅速，产业结构发生变化，服务业在国民经济中的作用日趋上升。澳大利亚经济和产业结构的变化，促使职业教育与培训的形式改变，学徒制不再是职业教育与培训的主要形式。由于工业的扩张，出现了新的职业，社会对技术性和专业性强的职业需求增多，因此很多中学开设职业技术教育课程。20 世纪 60 年代，基于学校的职业主义达到高峰期。很多技术中学，特别是那些拥有工厂设备的技术中学，与国家学徒制委员会建立联系。这一时期，过早离开学校的青少年人数降低，青年失业率比较低且较稳定。

从 20 世纪 60 年代到 80 年代中晚期，联邦政府直接干预职业教育与培训系统，成立了一些国家级管理机构，负责管理职业教育与培训。目前，澳大利亚全国各地都有职业教育与培训学院，并呈现多样性的特点，既有政府的职业技术学院，又有非政府的职业技术培训机构。澳大利亚政府管辖下的专门的职业教育机构被称为 TAFE，全称为 Technical and Further Education，即职业技术教育学院。它已有 100 多年的历史，是澳大利亚高等教育的重要组成部分。对在这些机构中工作的教师，澳大利亚有严格的任职资格和基本能力要求。获得澳大利亚职业教育教师任职资格的最低要求是具有与《澳大利亚资格框架》"第四级证书"同级别的教师资格"培训与评估证书第四级证书"。要符合并达到这一规定，在澳大利亚技术与继续教育机构工作的教师，几乎全部从有实践经验的专业技术人员中选聘，而不直接从大学毕业生中招聘。

澳大利亚政府充分重视本国的职业教育，不但制定了职业教育目标，颁布了《职业教育法》，制定了全国统一的职业教育标准和资格证书。1992年，还专设了国家培训 ANTA（Australian National Training Authority），各州政府还设立了专门的职能部门。国家培训总局代表联邦政府管理职业教育，对全国职教市场进行规划建设、管理和调控；还要对各州、地区职业教育机构进行管理、协调、指导和监督，使职业教育机构与行业保持密切联系，保证了职业教育体系反映行业的需求和发展方向，促进行业参与职业教育发展，建立有效的培训市场，促进中等教育、高等教育与职业教育与培训的联系等方面发挥着重要作用。

1995 年，澳大利亚政府发布了澳大利亚学历资格框架（Australian Qualifi-cations Framework，简称 AQF），该框架为职业教育与培训部门资格证书提供了详细的和不同等级的国家路径。1996 年，发布了国家培训框架（National Training Framework，简称 NTF），该框架包括培训包概念，提供了确定能力标准、传授和评价的方法，采用先前学习认证原则加快课程学习。1997 年，发布了澳大利亚国家培训认证框架（Aus-tralian Recognition Frame-work，简称 ARF），该框架提供了全国的职业技能认证体系，联邦政府规定，由行业根据全国统一的框架体系负责制定本行业的具体能力标准，集成为培训包，每个培训包包括两部分内容：第一部分，包括能力标准、资格证书、评估指南三方面内容，是国家认证部分；第二部分由学习方法指导、评估材料、职业发展材料三方面组成，属非国家认证部分。

二、TAFE 的课程特色

澳大利亚职业教育的专业课程设置根据经济建设需要和市场需要，根据全国行业组织对人才数量及能力要求的预测，由地方教育部门和行业组织审核，确定开设专业课程。课程设计前先咨询有关行业人士，着重实用及专业职业训练，确保教学真正符合业内的需要。澳大利亚职业教育所开设的课程很广，种类繁多，每年能够提供数以千计的职业和非职业课程，非常实用。这些课程包括：专科文凭及证书进修课程、职业培训课程、个别选修职业培训课程的预备课程、辅助补充课程、专业技能培训、成人个人兴趣、消闲课程等。

实用性、专业性、市场性、灵活性是澳大利亚专业设置和课程设置的主要特点。学生学习该类课程方式是灵活的，不同学校、不同机构、不同课程领域所修得的学分可以相互转换。各州之间、各类教育之间加强沟通和联系，学术资格获普遍承认。

在澳大利亚 TAFE 教学中，能力培养成为了学生和教师的共同目标。教学时突出岗位技能的培养以期使学生达到规定的熟练程度。教师对待学生如同工作场所的老师傅培养学徒一样，始终把技能的培养放在首要位置。课程设置还设有不同入学程度，让学生有机会进入高级文凭程度的课程，学生学完成绩合格，可获得高级中学证书。它既是学生中学毕业后找工作的合格证，也是进一步深造的通行证。

三、培训包的内容

每一个经国家认定的培训包都必须包含能力标准、评估准则和职业资格三个要素。

(一) "培训包" 的三要素

每一个培训包都包含若干能力单元。比如，在商业服务培训包中，涵盖了版权、知识产权、特许经营权、客服中心管理、工作监督、小型商业承包管理、小型商业财务管理、业务创新、领导艺术等二十五项能力领域，包括五百三十五个能力单元。例如，"国际贸易商业机会调查"是其中的一个能力单元，下文以该单元为例分析培训包的三要素。

1. 能力标准

该能力单元包括单元名称、单元应用描述、就业技能声明、能力要素和操作标准、技能和知识目标、适应范围声明。该单元对技能和知识目标做如下界定。技能目标是使受训者具备调查和数据搜集的技能以识别潜在商机，具备交流和磋商的技能从而获取商机信息；知识目标是相关的法律、法规和国家标准的知识（如国际贸易公约、华沙公约、贸易惯例和世贸组织协定等），与目标市场相关的文化背景知识，商业机会的风险控制原则。

2. 评估准则

该单元能够证明能力的评估要点，辅助决策的国际商机调研、获取的商业信息资源、调研资料、相关法律知识。该单元评估用的语境和特定资源，本单元的能力评价必须在真实的或者模拟的工作场景下开展，可以利用办公设备和资源以及获取相关业务单据资料进行考核，还应考核受训人获取的信息资源情况。该单元提供的评估方式，直接查看受训人的业务档案和工作业绩的第三方报告，考查商业的可行性分析水平，分析受训者在案例讨论和情境展示中的表现此外，该单元还可以通过受训者的自我展示情况进行评价，对于目标市场的文化背景知识可运用口头或书面考核方式。

3. 职业资格

在考取营销四级证书、国际贸易四级证书、商业销售四级证书时，"国际贸易商业机会调查"是应选取进修的能力单元之一。每个培训包都具体描述了取得资格证书的能力组合，受训者可结合自己的学习目标、工作特点选择不同的能力单元组合接受培训，通过培训和考核达到相关的能力标准后，就可以颁发相应的资格证书。

总之，培训包中的技能和知识目标是以行业为本位制定的，以这些能力为前提，受训者能提供证明这些能力的资料，就可以获取相应资格证书。

因此，有效的评价保证了受训者能达到国家统一的能力标准，同时也保证了各培训机构颁发同类资格证书的等值性。在这样的模式下，虽然政府注册在案的各培训机构培训的教学内容、教材、教学方法、教学场所并不统一，但是能力标准相同，颁发的资格证书是统一的，是能够得到政府和企业共同认可的。

四、英国的 BTEC 课程

核心技能为基础的模块化课程是 BTEC 课程结构的基本特征。通常，一个专业由三十个左右的模块组成。一个模块是一个相对独立的学习单元（Unit），包括明确的学习目标、是学生学习的直接对象，也是考核与评价的基本单位。BTEC 课程的模块规定的学习目标强调能力水平，包括通用能力和专业技能水平两个方面，并对能力水平的具体考评标准、考评条件和方法有详细说明、教学的具体内容服从于能力目标的要求，因此，有统一的教学大纲，推荐相关的教学参考书籍，而不规定统一的教材采用模块化方法，有利于课程紧跟产业技术更新的步伐，同时有利于提高学生对课程的选择性。

BTEC 模块课程结构的设计建伏在专枚核心技能的堆础上。首光，对某专业职业领域的技能进行分析，确定一系列核心技能，再据此整合成多个核心课程模块。核心模块通常占整个课程模块体系 50% 以上，具有举足轻重的地位学生要获得某专业的 BTEC 证书，必须通过这些核心模块考核。完成核心模块学习，也是升入高一层次深造前提条件。核心模块相对于其他模块具有稳定性和限定学习的特点，从而在课程设计考虑学生自由选课的灵活性和与学生知识技能学习的系统性之间找到了一种平衡。

第四章　典型文科高职专业课程体系设计研究

　　我国高职院校的课程设计是以国家的法律和教育政策为依托的，原国家教委《关于高等职业学校设置问题的几点意见》中明确提出，高职课程设置的要求是："教学内容主要是成熟的技术和管理规范，教学计划、课程设置不是按学科要求来安排，而是按适应职业岗位群的职业能力来确定的。基础课按专业学习要求，以必需和够用为度。"

　　近年来，随着高职教育培养目标的不断深化，职业技能的培养已成为教育、教学的重点，高职院校文科类专业都加大了课内实践教学及课外实习、实训的比例，并单独开设综合实训课程强化职业技能。但从整体来看，高职文科类专业课程体系仍然不能脱离本科教育学科体系的阴影。高职教学体系通常是在理论教学基础上添加一些实践教学环节，但这种做法无形中将学生的学习固化为一个认知过程，实践教学起到的作用只不过是对认知过程的进一步强化，且大多徘徊在操作性技能训练上。学生在学习过程中，多数以教科书为主考试时，也仍然是一纸考卷定成绩。随着我国职业教育改革的不断深化，这样的课程体系显然不能适应职业教育今后的发展，学生在学业结束后也不能轻松地走上职业岗位。

　　长期以来，在人们的观念中，职业教育主要是"学技术"；但是在实践中，很多行业并非以"技术"见长，反而更考量人的综合素质，如细致耐心、协调沟通、语言交际等。同时，在教育改革的浪潮中，高等职业教育学校中也存在很多文科类的专业，如文秘、会计、法律事务、新闻采编与制作、工商管理、青少年教育等。本书选择了其中的文秘、会计、法律事务、新闻采编与制作四个专业，结合中国知网所搜索到的文本信息，对我国现阶段这四个文科高职专业的课程体系设计进行综合分析，以此对我国的文科类高职专业课程设计状况进行文本性解读，并为当前文科高职课程体系设计提供可资借鉴的思路和对策。

第一节　文秘专业课程体系设计分析

高职文秘专业人才培养目标是与我国社会主义现代化建设要求相适应的，培养能够办文、办事、办会；具有熟练的计算机操作能力和各种现代办公设备的使用能力；面向机关事业、工商企业、社会团体、涉外部门一线从事文书、接待、承办、管理、服务、沟通等事务工作；协助领导处理政务及日常事务并为领导决策及实施提供服务的高素质事务型文秘人才。即以为社会培养具备良好的文字和口头表达能力、公关活动能力、现代化经济与行政管理能力和现代化办公设备操作能力，适应各级各类机关和企事业单位需要的文秘、公关、档案管理等专门人才为根本目的的专门教育。因此，高职文秘专业教学应遵循"实践—认识—实践"的规律，从应用型的职业教育实际出发，由以学科训练为主转变为以就业岗位所需的技能训练为主。

一、分析样本概述

在中国知网以"文秘专业课程体系设计"为主题进行精确检索，可以搜索到 39 条信息。对这 39 条信息进行分析后，可以得出以下结论。

（一）课程体系设计模式多样化

知网上检索到的39篇文章中共有14篇文章涉及课程体系设计模式，共提出了10种课程体系设计模式，包括基于工作过程为导向（3篇）、模块化课程（2篇）、职业能力培养（2篇）、项目化课程（2篇）、职业能力的培养（1篇）、岗课证融合（1篇）、双证书教育（1篇）、人文教育观念指导（1篇）、职业技能竞赛引导（1篇）、"2+1、合格+特长"模式（1篇）等。

（二）理论性研究和立足于某门课程的研究居多

对于文秘专业课程体系设计的理论性研究文章有9篇，基于某门课程的体系和教学内容的研究文章有10篇，约占文本分析总量的49%。

（三）部分研究集中于对文秘专业的方向细分基础上

共有6篇文章是在文秘专业的细分基础上的研究，如建筑文秘、法律文秘、医学文秘、企业文秘、技工教育文秘、电大文秘等。

二、不同模式的课程体系研究概述

（一）基于工作过程导向的高职文秘专业课程设计

1. 云南农业职业技术学院文秘专业

学者董琳在《高职文秘专业嵌入工作过程的课程体系的构建探索》中指出：建立基于工作过程的文秘专业课程体系，就是要首先进行秘书人才的市场需求调研、行业分析，确定文秘专业学生应具备的知识与技能。而后，通过对文秘专业课程体系的优化，把能培养学生实际工作能力和实际动手能力的课程嵌入课程体系。例如，公关与礼仪、应用文写作、办公室事务管理、秘书理论与实务、文书档案管理实务、现代办公设备使用与维护、行政管理、管理心理学、计算机基础、秘书职业道德、法律基础与政策法规、文学欣赏、中国传统文化、图形图像处理、电子商务、网页制作、经济法、商务谈判、秘书英语等。当这些课程嵌入课程体系之后，针对课程的实训及实践教学内容，也将同时嵌入整个课程体系，有针对性地在课程中贯穿岗位能力的训练。通过这样一种课程体系的建立，使学生学习到秘书岗位必备的专业知识与技能，实现岗、课、证的无缝对接。同时，他认为，基于工作过程导向的课程体系建设中，应首先提炼岗位职业能力，围绕岗位职业能力确定课程，并创新课程教学评价方式，注重对学生学习过程的评估。评价每个学生在完成每项工作任务时的表现，看重学生在团队中所起的作用，激发学生的学习积极性主动性。

2. 扬州工业职业技术学院文秘专业

学者禤宝斌在《高职文秘专业基于工作过程系统化课程体系的构建》中指出：课程体系建设应当首先分析区域经济发展战略，确定调研单位采用多样的调研的方式如座谈会、问卷、与员工交流、咨询领导等，调研的重点放在与秘书职业相关岗位的工作过程和工作任务情况。以调研结论确定文秘专业的岗位，如企业文秘（办公室文员）、社区工作者和其他单位文员。接下来，再进一步确定典型工作任务：①处理各种文件、档案资料，起草文书、撰写文章。②网络办公，处理各类办公事务，对办公设备简单必要的维护、维修。③对内、对外社会交往、人际应酬工作。④举办各种会议的工作。⑤领导交办的日常工作、特殊性质的任务（驾驶、现场拍摄、财务、危机处理等）。

按照职业成长的规律性、工作任务性质的一致性和工作内容的相关性等原则，对典型工作任务进行合并，形成相应岗位的行动领域，具体就是指文秘人员的办文、办会、办事能力。①办文，能直接动笔起草常用文书、撰写文章，会运用办公自动化设备准确高效地处理各种文件、档案资料。②办会，举办各种会议，以及整个会议过程的筹划、运作、协调能力。③办事，熟练地运用网络办公、独立而有序地处理各类办公事务，运用网络进行信息的搜集、整理、加工、提炼等能力，对内和对外的沟通协调能力（语言表达、协调、应酬）。

基于对工作过程分析并进行教学归纳的过程，是以实现技能、知识一体化，教、学、做一体化，将专业能力、方法能力、社会能力、个人能力集成于学生的"能力的实训过程"。课程体系的设置应综合考虑教学设施、实训设备、场地等要素。为此，课程体系划分为公共基础学习领域、专业学习领域、拓展学习领域、实训、顶岗实习五大部分。有序地进行课程标准开发和学习情景设计，辅之以学分制和职业资格考试相结合的考核评价模式，由此构成一个统一的课程体系。

（二）以职业能力培养为目标的课程体系设计

1. 江苏徐州建筑职业技术学院文秘专业

陈和在《基于职业能力培养的文秘专业课程体系重构》中提出："将文秘专业职业技能考核要求与国家秘书职业资格证书结合起来，凸显出职业教育与普通学历教育之间的区别与差异，建构以职业能力为本位、符合现代秘书职业特征、课证融通、教学做一体、强化学生能力培养的'以核心课程为先导，以专业技能课程模块为重心，以综合技能实训课为小结'的'1+n+1'式优质核心课程体系。"前一个"1"是指以一门核心课程《秘书职业训练》为先导，引导学生对职业道德、职业精神、职业素养、职业人格、秘书人才准入标准与绩效考核、秘书职业生涯可持续发展等问题有清醒的认识，加强以"忠于职守、诚实守信、敬业勤奋、廉洁奉公、严守机密"为核心内容的秘书职业道德教育，使学生能以平和的心态从平凡的初级秘书事务性岗位做起，通过与职场的磨合及终身学习路径的不断追求，实现自我人生价值。

"n"指参照剑桥办公管理国际证书考试课程模块，即国际职业秘书标准体系设计课程模块，使文秘人才的知识与技能培养要求与课程模块——对应，以秘书职业能力的培养为重心，按照秘书岗位、职责、任务确定教学单元，形成语言表达能力、办公室事务处理、办公自动化能力、商务活动组织策划4个模块；并在模块下设计课程教学，改造现有重复、交叉的文秘专业课程体系。

语言表达能力模块设置秘书写作与实务、秘书口才、秘书英语（口语、听力、阅读、翻译）教学与训练3个子模块。办公室事务处理模块设置办公室实务、文书档案实务、速记与速录教学与实训3个子模块。办公自动化能力模块设置办公自动化、办公设备使用与维护、网页制作教学与实训3个子模块。商务活动组织策划模块设置商务活动组织与策划、秘书礼仪实务教学与实训2个子模块。

除了让学生在书面上实践某些秘书工作内容或训练某些工作技能（如应用文写作、信息采编、文书处理和方案设计等）外，还可以采用情景实训的方式。即在模拟的工作情形下，演练某些秘书工作内容或训练某些工作技能，如递送文件、接听电话、引领参观、处理来访、协调关系、调查实践等。情景主要由涉及特定的事物及人物组成。学生可以扮演秘书角色，按照秘书的要求待人接物，处理事情。

后一个"1"指《秘书综合实训》，是对专业技能课程学习的检验与小结，是学生顶岗实习前通过项目案例处理接受的综合性秘书技能训练，也是顶岗实习前的演练。

结合课程体系改革，建设覆盖秘书职业岗位技术要求，集实训、培训于一体的实践教学体系。先后建立了"办公自动化实训室""会议接待/商务洽谈实训室""形体、礼仪训练室""档案管理实训室""速记、速录实训室"和"素质拓展训练基地"。将"工学结合、学做交替"渗透于文秘专业教学的全过程,注重真实化情景教学,全面提升学生的职业能力。大一年级学生利用课余时间到校内各办公室进行文书工作见习、办公室常规工作见习、秘书工作实习,完成对秘书职业角色的感知;大二年级利用寒暑假到各类社会组织进行专业见习和社会调查,完成对专业的整体认知;大三年级安排半年在岗实习,使学生认同专业文化和企业文化,实现角色转换。

2. 北京工业职业技术学院法律文秘专业

郭秀敏和孙艳丽两位学者在《基于职业能力培养的高职法律文秘专业课程体系重构与实践》中明确指出:课程体系设置有 4 个标准,即以培养职业能力为核心、以提高综合素养为目标、以职业岗位要求为依据、以国家职业标准为标准。

课程体系的具体内容主要包括基础学习、职业学习、职业拓展和职业技能 4 个领域。其中,基础学习领域包括公共课和硬笔书法、中国传统文化等培养学生职业道德素质和基础文化素质的课程。职业学习领域根据课程性质又分为职业基础领域、法律基础领域和专业学习领域。职业基础领域包括秘书职业概论、秘书语言基础、秘书礼仪等培养秘书专业基本素养的课程。法律基础领域包括民法与民事诉讼法等法律基本理论。专业学习领域包括办公自动化、文书写作与处理、办公室事务管理、会议管理、档案管理等培养秘书专业技能的课程。这是文秘专业的核心课程,培养学生的专业核心能力,集中体现对学生进行的文秘职业能力训练。在设置这几门课程时,我们以《秘书国家职业标准(2006 年版)》为依据,按照秘书业务工作总体构成的逻辑性和关联性,将秘书实务分为办公室事务管理和会议管理 2 门课程,加上原有的文书写作与处理,形成"办文、办事、办会"

的业务形态，并加大课时量，着力培养学生的核心职业能力。职业拓展领域包括专业方向课和选修课，充分考虑学生可持续发展的需要。职业技能领域包括各类实习实训，保证 3 年实践教学不断线，有利于培养学生的职业技能。

3. 云南农业大学热带作物学院文秘专业

学者付琼芝《基于职业技能大赛的高职文秘专业课程设置研究》中提出，以秘书技能大赛为驱动，构建基础课、核心课、拓展课教学模块，培养学生的专业核心能力，突出核心技能培养，由"会"向"能""巧""快"升华；以专业核心能力和关键职业能力训练为重点，培养学生适应社会的能力；以多种课外活动为支撑，以技能大赛为驱动，举办各种竞赛活动，强化学生关键能力。总之，基于职业技能大赛的高职文秘专业课程以"三模块、二能力、多活动"培养为核心，树立"能力本位"的课程观。构建以基础课、核心课、拓展课教学模块为主导，以专业核心能力和关键职业能力训练为重点，多种课外活动为支撑的课程体系。

4. 江阴职业技术学院文秘专业

学者周珊红在《基于学生职业发展的高职文秘人才培养课程设置思考》中指出：根据国家四级秘书资格标准要求和市场岗位需要及秘书工作的发展趋势，文秘专业课程设置应注重适用，"深""广"有度，加强职业对口的课程设置和实践环节的训练，在基础知识的拓展上突出一个"实用性"，作为学生实际操作的支撑；对专业知识则体现一个"专"字，突出一个"用"字，做到学以致用，使学生能够自如应对复杂形势的需要。课程设置以"办文、办会、办事"为核心，实行模块化教学。融知识、能力、素质结构为一体，体现以职业素质为核心的全面素质教育培养。

5. 泰州职业技术学院文秘专业

学者朱志云在《从职业技能竞赛看文秘专业课程体系的优化设计》中

指出，2010 年开始，教育部高职高专文秘类专业教学指导委员会已经主办了三届全国高职高专院校秘书职业技能大赛。比赛以秘书职业岗位需要和国家职业标准为依据，结合秘书职业当前发展的实际需求，从基本知识和工作技能两方面进行竞赛考核。考核项目分为理论知识测试（30%）、操作技能部分（40%）、演讲（20%）和才艺展示（10%）四项。通过技能大赛的比拼发现，选手表现较好的项目是第一部分理论知识部分。测试主要围绕职业道德、文书拟写、办公自动化基础、沟通基础、企业管理基础、法律与法规、会议管理基础知识、事务管理基础知识等方面的秘书实务内容，难度相当于国家劳动部秘书考证三级、四级考题的难度。在职业技能竞赛的指引下，课程体系可以整合为"公共素质课程""技术基础课程""专业技术课程""专业拓展课程""综合实践课程"五大模块，以真正适应职业技能大赛对学生职业能力的考验和社会对文秘专业人才的职业要求。

具体而言，首先应当构建培养综合素质的"大平台"，其课程主要在于培养学生的基础的职业素质和能力，如分析问题能力、逻辑思维能力、口语表达能力、公关能力、写作能力和书写能力等。其次，设计培养实务能力的"多模块"包括"专业技术课程""专业拓展课程""综合实践课程"三大模块。最后，强化全方位的能力训练。

（三）模块化（项目化）的课程体系

1. 郑州牧业工程高等专科学校文秘专业

学者雷鸣在《基于"五模块课程体系"的高职文秘专业教学改革》指出："五模块课程体系"即公共基础教育模块、专业基础教育模块、专业能力教育模块、素质拓展教育模块、能力拓展教育模块。公共基础教育模块主要任务是培养高职大学生都应具备的思想政治素质、心理素质、身体素质、职业规划意识、创业意识、信息技术基础能力等。专业基础教育模块主要任务是为学生提供用以支撑后续专业技能学习所需要的语言、文字、文学、交际礼仪、秘书素养等基础知识。专业能力教育模块主要任务是培养学生"办文、办会、办事"等核心业务能力。素质拓展教育模块通过必修与选修内容涉及艺术、文化、哲学、历史、宗教、民俗、沟通、企业文化、生活与健康等课程，培养学生具有较高的综合素质以适应社会，并为今后个人后续发展提供心智支持。能力拓展教育模块的任务则是根据学生个性发展及职业倾向，为学生提供对基本专业技能继续拓展所需的知识和能力。它分为行政助理、档案管理和网络新闻与编辑三个方向，开设相应的专业课程。上述五个模块有机地构成了一个以人为本、目标明确、结构合理、层次清晰的课程体系，为实现人才培养的目标奠定了坚实的基础。

2. 湖南信息职业技术学院文秘专业

学者陈玲霞和谢明生在《基于项目驱动的高职院校文秘专业课程设置研究》中指出：根据高职院校文秘专业的就业岗位及能力要求，我们以"商务中心"为项目，将"商务中心"的业务范围分解为"办事、办会、办文"三个实施任务，再将三个任务具体化为相应的核心课程。"办事"要求熟悉秘书工作内容和处理方法，具备良好的协调和沟通能力、礼仪知识等，所以我们设了《办公室管理实务》《商务谈判》《秘书实用礼仪》作为"办事"的核心课程程；"办文"要熟悉《党政机关公文格式》、15 种行政公文的写作、事务性公文的写作、归档文件整理等知识，《秘书实用写作》《文书与档案管理》和《办公自动化》则作为"办文"的核心课程；"办会"要熟悉会前组织、会中协调、会后落实、活动策划等知识，《会议管理》《会展策划》则作为"办会"的核心课程。"项目——核心课程——基础课程"的理念，将最终渗透到具体课程的课程标准的设计。课程标准的设计思路是，课程目标是教学生完成一个与课程相关的实际项目或任务。文秘专业课程的组织则是按照实际的项目或任务完成时的操作过程进行逐层的任务分解，以此构成由任务分解逻辑关系的实践系统，并在此基础上，确定完成每个最底层子目标或子任务需要的文秘专业相关的知识。

三、对文秘专业课程设计体系的思考

（一） 文秘专业课程设计体系的现状

1. 部分课程名称欠规范

文秘专业部分课程名称不够规范，如介绍秘书学的基础知识和基本理论的课程有"秘书学""文秘学""秘书理论与实务"等名称。介绍秘书人际活动关系的课程有"公关礼仪""社交技巧""人际交往艺术""公共关系"等名称。培养秘书写作能力的课程有"秘书写作""应用文写作""公文写作""文书写作"等名称，作为传统专业的课程，其名称应统一规范。

2. 课程内容交叉重复

专业课程内容缺乏系统性，内容往往交叉重复。例如，秘书学课程内容既包括秘书的基础知识和基本原理，又包括秘书实务和基本技能。秘书礼仪中的文书礼仪也和秘书写作部分内容重复。再如，会议管理与办公室管理，人力资源管理与企业管理也有部分内容重复，这样会导致学生在学习某一章节时，因学过而缺乏学习热情，教师只能进行跳跃式或删减式讲授。

3. 实训教学有待加强

存在教学设施或者师资无法满足实训教学需要的现象，实训教学效果难以达到企业要求。

(二) 文秘专业课程体系设计的反思

高职院校文秘专业课程体系应围绕区域经济策略进行修订,结合现代企业秘书的知识结构、能力要求和综合素养,突出秘书国家职业资格考证所规定的内容,剖析秘书岗位的工作流程,采用"工作过程+能力本位+市场分析"的手段进行课程体系设计。

高职文秘专业课程设置是一个不断探索和实践的过程。只有在教学实践中不断更新教育理念,紧跟社会发展的步伐,紧扣市场经济的脉搏,紧随人才需求的变化,不断创新,建立开放式的、富有弹性的课程体系,探索出富有成效的新路子,才能创建出独具特色的文秘专业并保持该专业旺盛的生命力,最终培养出在人才市场上具有强大竞争力的文秘毕业生。

第二节　会计电算化专业课程体系设计分析

会计电算化是会计学与计算机科学、管理科学等学科密切结合的一门复合型学科。随着信息技术的不断发展,以及经济全球化进程的加快,会计电算化作为企业管理的重要组成部分,也越来越为人们所关注。作为培养会计电算化人才的我国各类职业技术学院,多年来由于会计电算化专业教学目标、课程设置、教材建设、实验室建设、教学手段等多方面研究的不足,影响了会计电算化人才的培养质量。在这样的环境下,加快会计电算化专业的课程改革显得尤为重要。

会计电算化是一门跨会计学、计算机学、管理学的交叉性学科,其人才培养目标定位于具备会计知识、计算机知识、管理学知识的复合型人才。但现阶段的人才状况是精通会计业务的人才仅能应用计算机系统,精通计算机的专业人士却对内部控制方式、会计业务流程改造、会计数据之间的逻辑关系感到力不从心。应届毕业生在就业时频频遭遇用人单位冷遇，因为他们缺乏工作经验，无法独立开展工作。另一方面，许多企业抱怨难以找到满意的会计人才，尤其是管理型会计信息化人才，更是凤毛麟角，千金难求。造成这种局面的主要原因在于我国会计电算化人才培养课程体系存在缺陷。

一、分析样本概述

在中国知网，以"会计电算化专业课程体系设计"为主题进行精确检索，可以搜索到 42 条信息。对这 42 条信息进行分析后，可以得出以下结论。

（一）会计电算化专业课程体系总括性研究居多

与"会计电算化专业课程体系构建"类似的文章共有 24 篇，占总信息量的 57%。它们大多是从宏观的、普遍性的研究开端，结合教学实践中的问题进行课程体系的解析。

（二）课程体系设计模式多样

42 条信息中涉及"课程体系设计模式"的有 16 篇，占信息总量的 38%，共有 5 种模式。其中，围绕"能力本位"的设计有 3 篇，以职业岗位或职业标准为载体进行课程体系设计的有 4 篇，以课证赛融合的课程体系设计有 2 篇，以工作过程为导向的课程体系设计有 4 篇，以就业导向进行课程体系设计的有 3 篇。可见，当前各高职院校的会计电算化专业的课程体系设计模式多样化，并且大多围绕所在区域的经济发展策略进行设计。

二、会计电算化专业课程体系概述

（一）基于工作过程导向的课程体系设计模式

1. 沈阳职业技术学院

学者符静在《基于工作过程的会计电算化专业课程体系初探》中提出，以工作过程为导向，通过对工作任务和职业能力分析，将会计电算化日常工作分解成若干工作项目，根据整合充实后的工作项目，设置会计电算化专业核心课程，实施模块化教学；同时，将原来分散在各个不同专业课程中的内容进行优化组合，相互衔接呼应，细化工作岗位实用知识和技能，适当增加专业深度和难度，提高学生工作能力。例如，在学生牢固掌握会计知识、实务技能的基础上，增加计算机实用课程模块，使学生熟练使用Excel、Word办公软件，能够编写简单实用程序，能够对计算机进行日常维护，能够排除软件、硬件常见故障；熟练掌握常用电算化软件系统操作及电算化系统安装、调试。考虑到就业单位会计人员与计算机软件人员沟通困难的实际问题，开设会计软件设计基础课程，聘请校外专家指导，让学生积极参与课内外会计软件设计，为将来其在工作岗位上更好地应用软件和对软件提出会计视角改进意见奠定基础，增加就业深度和广度。

针对会计电算化专业工作的特殊性，我们将社会主义核心价值体系贯穿到会计电算化专业人才培养的全过程，设置以美育、心智教育及职业道德教育为核心的会计诚信教育课程；将企业伦理、企业文化基础知识融入会计诚信教育之中；加强素质教育，确保100%的学生接受会计诚信教育，提高学生综合素质，从课程设置方面预留学生持续发展的空间。

2. 广东科技学院

学者文勇在《基于工作过程导向的高职会计电算化专业课程体系构建》

中指出，根据地方企业会计岗位的需求情况，开设实训项目，构建电算会计与手工会计相结合的双轨运行模式，以及基本技能实训、专业技能实训和岗位技能实训相结合的实践教学体系。基本技能实训主要包括：出纳技能实训、手工会计技能实训和电算会计技能实训。专业技能实训主要包括：财务核算、成本计算分析、纳税申报、财务软件各模块的操作。岗位技能实训是上岗前的实训，包括校内综合模拟实训和顶岗实习。

3. 海南软件职业技术学院

学者郑全军、肖友荣、刘景祥在《高职会计专业"工作过程系统化"课程体系开发研究》中提出，基于工作过程系统化的课程体系开发，首先从行业分析入手，通过对职业岗位进行调查，找到每一个职业包涵的工作任务；然后，经过行业比较分析，从社会和企业的关键任务中推导出典型工作任务；再以典型工作任务为基础构建学习领域，每一个典型工作任务构成一个学习领域；最后，为每一个学习领域设计教学项目，构建学习情境。这个步骤可以简单阐述为"岗位（群）调研分析—工作任务分解—行动领域归纳（含职业成长阶段分析）—学习领域转换"。

（二）以岗、证、课、赛融合的课程体系设计模式

学者张亚枝、李玉红在《基于"岗课证赛融合"的高职会计电算化专业课程设置优化研究》中提出："在岗、课、证、赛"融合中，所谓的岗是指会计工作岗位群，主要包括出纳岗位、成本会计岗位、总账会计岗位、会计主管岗位等；课是指高职会计电算化开设的专业核心课程，如财务会计、成本会计、审计等；证是指会计职业资格证书，主要有财政部颁发的助理会计师证书、审计署颁发的助理审计师证书、省财政厅颁发的会计从业资格证书等；赛是指社会和学校内部举办的各类会计技能大赛，如全国大学生会计信息化技能大赛、全国职业院校技能大赛高职组会计技能大赛等。

（三）　以就业为导向的课程体系设计模式

学者侯丽平在《基于就业导向的高职高专会计电算化专业课程体系的构建》中提出，高职高专会计电算化专业应构建以职业任务（就业）为导向，以职业资格证书为平台，以会计综合职业能力为核心的模块化课程体系。

（四）　以职业标准为依据的课程体系设计模式

学者杜俊娟在《基于国家职业标准的应用型高校会计电算化专业课程体系构建》中指出，参照职业标准和岗位群，构建包括综合素质类课程与职业能力类课程的"三大平台、六大模块"课程体系。其中，"通识平台"包括"公共基础课程"和"专业选修课程"；"专业平台"包括"专业基础课程"和"专业核心课程"；"职业平台"包括"素质教育课程"和"生涯教育课程"。在课程体系中，把职业资格标准和就业岗位的要求引入进来，考虑了人员后续教育的需求，理论与实训相融合，保证实践技能的系统化。通过综合会计实训、ERP沙盘对抗模拟实训和顶岗实习培养了职业素质和职业能力，提高了学生分析问题、解决问题能力、管理能力、创新能力；课程的动态选取和更新的"新颖"和"实用"的专业内容满足了企业和学生的多样化需求，根据会计岗位群的选取和组织了从基层会计岗位到会计管理岗位的课程体系，保证了专业课程体系的科学性和完整性。

三、对会计电算化专业课程体系设计的反思

高职会计电算化专业教育应当根据高校的实际办学条件，依照学校的学科背景、师资力量、生源素质等情况开发有特色的课程体系。然而，国内多数高校会计专业课程体系具有很大的相似性，少有自己的创新之处，

这无疑背离了现代高等教育提倡个性化教育和差异化教育的发展要求。

　　高职会计电算化专业的课程体系设置大都包括公共基础课、专业基础课和专业主干课。从结构比例上看，一般会计专业课比重较高，而相关学科知识如管理学、经济学、法学等讲授得太少。从课程门类上看，过于重视会计专业教育，与之相适应的会计职业道德教育课程、会计法规教育课程和职业发展规划等课程课时较少，师生对此重视不够。从理论与实践课程的比重上看，实践类课程比重还是较少，时间安排也不合理。在三年的学习过程中，前两年基本都是理论教学，只有少量的会计模拟实训，但由于受学生人数多、时间短、实践场所的局限，不能达到理想的实习效果。从课程内容上看，相关课程内容重复较严重，如基础会计与财务会计在会计要素、会计核算及报表的编制方面有许多重复之处；管理会计与财务管理在预测、投资决策等方面重复的内容也很多。

第三节　法律事务专业课程体系设计分析

　　高职法律事务专业三年制，相比本科法学专业而言，学制缩减了一年。但是，高职法律事务专业和本科的法学专业在就业岗位群、人才培养目标，职业技能要求等方面都不同，所以，高职法律事务专业课程体系的设置不能是法学本科课程的简单缩减，甚至只是课时量的缩减。

一、分析样本概述

　　在中国知网，以"法律事务专业课程体系设计"为主题进行精确检索，只能够搜索到5条信息。其中，以就业为导向的课程体系设计模式有2篇，剩余3篇是类的理论联系实际的总括性研究。

二、法律事务专业课程体系概述

黑龙江司法警官职业学院的学者麻锐在《以就业为导向的高职法律事务专业课程改革》中，根据职业岗位群的定位，分析了各岗位的工作任务，由工作任务推导出核心技能，最终确定以沟通交流能力、自动化办公能力、法律运用能力、法律文书制作能力这四大核心技能为培养重点，以此来构建法律事务专业的课程体系。针对沟通交流能力，增加了《口才实训》《法律咨询》等课程；针对自动化办公能力，开设了《计算机应用技能》《计算机键盘录入技术》课程；针对法律运用能力，开设了《民事法律与案例分析》《行政法律与案例分析》《经济法律与案例分析》等课程。针对大部分毕业生进入中小型企业工作的现状，增设了《中小企业法务》这门课程。此外，确定了"重民商、轻行刑"的基本原则，即实践课、选修课和专题讲座课以民商法学方面的内容为主，以行政法、刑法学的内容为辅。

陕西警官职业学院学者张芙蓉等人在《就业导向下法律事务专业课程体系改革研究》中指出，按照 5 大模块设置课程体系，即公共学习领域、专业一般学习领域、专业综合学习领域、专业拓展学习领域、公共素质拓展领域。根据法律事务专业岗位群的变化，适时对课程设置进行调整，增加了民事、刑事、经济、行政案件处理能力训练，以及人民调解工作实务，速记技术与训练、法律诊所课等。

广东科学技术职业学院学者蒋志宏在《高职法律事务专业课程体系之重构》中指出，课程体系由公共基础课、专业基础课和专业核心能力课、专业综合性实践课和专业拓展能力课程五大模块组成。

南宁学院学者薛璐在《从就业能力看法律事务专业课程的设置》中指出，法律事务专业学生的特殊就业能力至少应当包括法律思维能力，即准确掌握法律概念的能力、正确建立和把握法律命题的能力、法律推理能力和法律论证能力。法务处理能力是运用法律知识具体解决法律事务的工作能力，包括调查取证能力、记录能力、文书写作能力、辩论能力、文献（法条）检索能力等。行政事务处理能力主要指简单的办公、办文、办事、档案管理等能力。

三、对法律事务专业课程体系设计的反思

法律事务专业在教学内容与课程体系改革方面，应该严格以市场需求为指导，以高教司高职高专办学方向、办学特色精神为指引，大胆开拓、勇于创新、积极筹划，努力开创教学改革的新局面，培养出符合社会需求的专业应用型人才。

从有利于法律思维能力养成的角度来设置专业理论课程，纷繁复杂的法律现象势必不能穷尽，因此，理论课程不宜面面俱到，而应分清主次。在课程设置上，主要为法理学、民法、商法、民事诉讼法、刑法、刑事诉讼法、行政法与行政诉讼法等，有利于学生建立起法律学科系统印象及法律思维的课程；在教学内容上，主要为基本概念和原理，辅之以具体的法律条文，使学生理解立法意图，领会法律主旨，学会像立法者一样思考。

从有利于法务处理能力养成的角度来设置专业实践课程。目前，开展的实践教学多是作为对理论课程的巩固，对法务处理能力的训练常流于形式或浅尝辄止。因此，应按照各项法务技能对实践课程进行教学内容和方式的革新，甚至课程的重构，设置一系列有针对性的法务实训课程。以民事模拟法庭为例，可以将案件的处理过程向前延展，从收集证据、整理案卷、撰写文书开始，模拟案件的完整生命周期；同时，还可以将一些需要强调更多细节的环节从中剥离，进行专项训练，如法条检索实训、辩论实训、文书写作实训等，从而形成一个全方位的实践课程体系，让学生学会像法律工作者一样做事。

从有利于行政事务处理能力养成的角度来增设非专业基础课程。如上

文所述，学生如能掌握一些必要的行政事务相关技能，将更容易适应职场环境。因此，可以增设一些管理、文秘类的基础课程，如秘书实务、管理学基础、行政管理学等；也可以通过组织第二课堂，设立法律专业社团等方式，让学生在校内进行自我管理，逐渐培养其行政管理意识，锻炼行政事务处理能力。

第四节　新闻采编专业课程体系设计分析

从新闻业实践看，随着我国政治、经济、文化的发展，社会生活各个领域、各个层面、各个角落无不成为新闻报道的范围。要想做一名出色的新闻工作者，必须具有相当宽广的知识面和深厚的知识积淀。随着社会的进步，大传播观念的建立，大众传播业与电信业的融合必将成为不争的事实。面对大众化的、复杂的传媒环境，要想满足传媒的需要，新闻教育理念必须重新认定，新闻采编与制作专业是应用技术型专业，主要培养能熟练掌握新闻信息采编技能，能够在各级、各类新闻媒体和其他新闻宣传部门、企事业单位从事新闻信息采编的技能型新闻人才。合理构建新闻专业学生就业所需的知识体系，改革和重构课程设计体系首当其冲。

一、分析样本概述

在中国知网，以"新闻采编与制作专业课程体系设计"为主题进行精确检索，只可以搜索到 6 条信息。其中硕士论文 1 篇，期刊论文 5 篇，主要涉及课程体系现存问题和对策和模块化课程体系设计的研究。

二、新闻采编专业专业课程体系概述

学者徐可晶在《论新闻采编与制作专业课程体系存在的问题及对策》

中明确提出，构建综合职业能力模式的课程体系，必须突破学科系统的课程模式，以岗位职业活动和工作过程为导向；必须从培养文化产业所需要的"创意与操作一体化"复合型人才的目标出发，从岗位职业能力分析入手，充分考虑传媒职业人的社会责任感和精神文化产品的二重性对文化从业人员的独特要求；以培养学生的职业能力、职业道德和持续发展能力为目的，按照知识、能力、素质的内在逻辑关系和职业成长规律研究改革。职业综合能力模块以项目课程为载体，在真实的职业情境中，让学生带着真实的工作人物学习、熟练、运用知识，自主思维，培养学生的创新能力和综合职业素质。

山东省青年管理干部学院学者冯恩大在《高职专业技能课的模块式教学改革》中提出"平台+模块"型课程体系。其中所谓的"平台"由基本素质课和专业素质课构成，所谓模块由专业技能课构成。制定专业技能课模块式教学计划的关键，是进行专业技能分解和课程体系建构，对职业岗位所需要的各项技能进行分析、归类，得出一组或几组综合技能群。每组综合技能群就是一个模块，教学活动须围绕特定模块进行集中讲解和集中训练。

郧阳师范高等专科学校学者胡忠青在《"三段式"模式下新闻采编与制作专业课程体系的整合与创新》中提到，教育部所提出的"一年学基础，一年学技能，一年顶岗实习"的"三段式"培养模式实际上是一个"宝塔式"的培养方式。具体到新闻采编与制作专业中来，"一年学基础"是指学生入学后首先必须进行相关新闻基础知识的系统学习。这是一个基础性的工作，似"宝塔"的塔底。通过这一阶段新闻传播基础理论课程学习，使学生掌握必备的新闻传播知识，具有分析社会现象、提高信息敏感度的能力。"一年学技能"是指在一年级掌握新闻传播基础知识的前提下，二年级进一步学习采集新闻信息所需要的能力，强调提高学生日后工作中所必需的综合思维能力及解决实际问题的能力，突出培养学生采、写、编、评的能力。"一年顶岗实习"是指经过在校的严格训练后，将学生输送到各实习单位或用人单位，进行为期一年的在岗实习，以完成学校学习与实际工作、学校教育与市场需求的最终对接。

三、对新闻采编专业专业课程体系设计的反思

新闻采编与制作专业学生在就业和未来职业发展规划方面都需要紧密结合传媒新兴产业。地方院校毕业生竞争力相对较弱，更应将目光瞄准传媒新兴产业。在传统媒体人纷纷跳槽到新媒体任职的大背景下，课程设置应该加大新媒体比重。

2014年8月，中央全面深化改革领导小组第四次会议审议通过了《关于推动传统媒体和新兴媒体融合发展的指导意见》，提出推动传统媒体和新兴媒体在内容、渠道、平台、经营、管理等方面深度融合。全国各地、各级、各类传统媒体及从业人员都开始深入讨论，并制定计划实施转型融合。作为培养媒体人的高校，在课程体系上更要紧跟媒体融合大背景，跟随中央的传媒决策，将融合型、应用型作为培养目标，加大新媒体课程体系建设。

总之，课程体系建设关乎专业建设的成败，关乎学生实际能力的培养，关乎学生的就业和未来。我们必须以培养技能应用型新闻采编人才为目标，锐意改革；紧跟传媒发展新趋势，大胆设置专业方向；加大实践类课程的比重和课时；建设更多的实践平台，保证学生有充足的实践时间，在能力提升上取得成绩。

第五节　北京青年政治学院课程体系设计研究

一、学院概述

北京青年政治学院是北京市属普通高等学校、北京市市级示范性高职院校。现有青少年工作与管理、学前教育、社会工作、心理咨询、老年服务与管理、证券与期货、会计、工商企业管理、电子商务、新闻采编与制作（网络编辑、影视制作、媒体资产管理）、文秘（涉外秘书、行政专员）、法律事务（法检助理、公司企业法务）、旅游英语（出入境服务与管理）、计算机应用技术、计算机网络技术、软件与信息服务、数字媒体艺术设计（平面设计、空间艺术设计）、美术（油画）、国际商务（中加合作）、会计（中加合作）、新闻采编与制作、数字动画艺术（中加合作）等20余个专业。近年来，学院重点建设公共事业、现代服务业和文化创意产业3个专业群。其中，青少年工作与管理专业、社会工作专业、秘书专业被评为北京市级高职示范性专业。可见，北京青年政治学院是一所典型的文科专业为主的高职院校。

二、课程体系构建过程

课程体系的构建经过了三个阶段。

第一阶段（1986—2006年）。从1986年经国家教委批准开始正式招生，学院当时属于高等教育序列的专科教育。不可避免地，那时的课程体系主要是根据本科院校专业设置中过的课程安排，在学时和教学内容上有所增减而已，缺乏特色。当时将课程体系分成公共基础课、必修课、选修课、实践课程四大部分。

　　第二阶段（2006—2009 年）。2004 年，教育部启动高职教育质量评估工作，并开展国家级示范校建设。学院在"迎评促建"的过程中，积极组织各系部进行专业调研。根据 2006、2007、2008 年的持续的暑期调研工作的结果，形成了 2009 版的人才培养方案。在这一版人才培养方案中，围绕"社会企业需求"解析学生的"职业能力"，形成了专业群；并构建每一专业的核心能力，根据核心能力设定核心课程，

　　2009 版人才培养方案经过两年的实践检验，根据《国务院关于大力发展职业教育的决定》，"到 2010 年，高等职业教育招生规模占高等教育招生规模的一半以上。"十一五"期间，为社会输送 1100 多万名高等职业院校毕业生。"可见，高等职业教育具有良好的发展前景。"就北京市而言人才资源总量稳步增长。第三产业人才比重继续保持占人才总量 80%以上。技能型人才达到 222 万人左右。"这说明高技能人才培养已纳入北京市"十一五"时期人才规划。在未来十年，第三产业、技能型人才仍是个增量。

　　在这样的大背景下，2011 年出台了新的人才培养方案，贯彻"以工作岗位分析"为导向的课程体系设计理念。各专业在对人才需求分析的基础上，对本专业的职业岗位群和典型工作任务、对学生能力和素质要求等进行解析，确定人才培养目标和规格，形成了各具特色的课程体系设计模式。例如，会计电算化专业"理实一体、赛训结合、校企互动、课证融通"的课程体系模式；法律事务专业"基于工作过程"的课程体系建设；文秘专业"能力为本位，赛证融合"的课程体系实际模式；新闻采编与制作专业"重视影视制作流程，突出音视频编辑技能"的课程设计模式等。

　　各专业课程设计思路有所不同，但是课程体系结构相同，包括综合素质模块、职业基础模块、职业能力模块、职业素养模块、其他教学环节五大模块；课程性质主要是公共基础课、专业课、公共选修课、实践环节。总之，这一阶段的课程体系设计是以工作过程为导向，结合模块化方式和能力素养训练手段，以提升学生个性发展和终身学习能力为目标的混合制

模式。

第三阶段（2009—2015 年至今）。2011 版方案经过 4 年的实践，学院为进一步深化教育教学改革，创新人才培养模式，全面提高人才培养质量，提升学院服务京津冀协同发展和首都经济社会发展的能力，根据《国务院关于加快发展现代职业教育的决定》《国务院办公厅关于深化高等学校创新创业教育改革的实施意见》《国家中长期教育改革和发展规划纲要（2010—2020 年）》《北京市人民政府关于加快发展现代职业教育的实施意见》等文件精神，启动 2016 版专业人才培养方案编制工作。

学院将课程体系设计原则定位于以立德树人为根本，促进学生全面发展；以产业需求为导向，落实"三位一体"培养目标；以工学结合为主线，推进校企一体化育人模式；以职业标准为本位，优化专业课程体系；以学生为中心，改革课程教学方法；以技能培养为核心，实施实训学期项目化；以机制创新为重点，推进创新创业教育；以第二课堂为载体，促进学生能力素养提升。课程体系由综合素质、职业基础、职业能力、综合实践及通识教育五种类型构成。课程性质分别是公共课、专业课（理论课、理实一体课、实践课）、特色课程、集中实践环节。

目前，这一工作仍然在进行中。

附录1 会计电算化专业课程体系设计（2011版）

一、职业岗位群分析

本专业所对应的主要就业岗位、典型工作任务及能力和素质要求见表1：

表1 职业岗位分析表

工作岗位（群）	典型工作任务	能力和素质要求
出纳岗位	（1）现金收付与管理、银行存款收付与管理、外币结算与管理； （2）日记账登记与对账； （3）汇兑损益计算与核算； （4）保管库存现金空白票据印章等	（1）能熟练办理现金收支结算业务、银行转账结算业务； （2）能明辨现金和各种银行结算票据的真伪； （3）能按照规定保管现金和各种结算票据； （4）能按照规定登记现金、银行存款日记账； （5）能按照规定核对现金和银行存款； （6）能正确处理在货币资金结算过程中出现的差错

续表

工作岗位（群）	典型工作任务	能力和素质要求
会计岗位	（1）填制审核会计凭证； （2）登记账簿； （3）编制会计报表； （4）会计档案整理； （5）财产物资、采购与付款、销售与收款、投资筹资等业务处理； （6）产品成本计算、劳务成本计算、产品成本分析、劳务成本分析； （7）税款计算及申报	（1）熟悉会计基础规范基本要求； （2）能准确确认各种单据的真实性、完整性、合理性和合法性； （3）能准确完整地填制会计凭证； （4）懂得会计各类账务处理程序； （5）能准确完整地登记日记账、明细账和总账； （6）能正确进行对账、结账； （7）能准确编制财务报表及其附注； （8）能编写企业内部管理报表； （9）能正确进行会计档案的分类、整理和归档； （10）能顺利地办理企业税务登记、发票申购等涉税业务； （11）能按照国家税收法规及其他相关政策正确计算应缴纳的各种税费； （12）能熟练运用税收网络申报系统向主管税务机关申报应缴纳的各种税费； （13）能正确运用会计软件
财务管理岗位	（1）财务分析； （2）财务预测和财务预算； （3）筹资管理； （4）投资管理； （5）成本控制与管理	（1）能基本理解企业财务管理的理念和方法； （2）能熟练地知道企业筹集资金的渠道和方式； （3）能理解各种筹集资金渠道和方式的优点和缺点； （4）能熟悉财务管理通则和公司法规定的收益分配的渠道和相关规定； （5）熟悉报表分析的指标体系； （6）会计算各种财务指标，并进行分析； （7）会根据指标计算的结果描述企业的状况； （8）掌握成本控制与管理方法

续表

工作岗位（群）	典型工作任务	能力和素质要求
审计岗位	（1）签订审计业务约定书 （2）确定审计重要性水平和审计风险 （3）编制审计计划 （4）对内控系统开展符合性测试、实质性测试 （5）编制复核审计工作底稿和审计报告	（1）准确确定审计风险； （2）合理编制审计计划； （3）熟练编制审计底稿和审计报告

基于职业岗位的分析，本专业培养具有良好的职业道德，具备企业财务会计方面的基本专业知识，掌握企业财务会计、会计核算、报表分析、纳税处理和审计等技能，熟练掌握通用财务管理软件应用，在企业与行政事业单位从事财务会计工作，参与企业信息化经营管理的应用型财务工作人员，在会计中介机构从事会计核算、企业内部审计等岗位工作的高素质技能人才。

二、课程体系设计

（一）课程体系构建思路

本课程体系开发与设计的基本思路是：建立"理实一体、赛训结合、校企互动、课证融通"的课程体系模式。首先，在广泛社会调研的基础上确定会计职业岗位群，然后分析每个职业岗位的典型工作任务，接着分解组合岗位任务，凝练岗位能力，形成系统化的行动领域。在遵循教育教学基本理念的基础上，将行动领域转化为与之相对应的学习领域，逐步开发出工作过程导向的会计专业课程体系框架；再针对每一个学习领域从学习目标、学习内容、学习方法、教具准备、教学场所等多方面进行描述；最后设计出学习领域所属学习情境的具体内容。

在课程体系开发初期，广泛地开展社会调研。调研的内容涉及会计专业人才结构现状、专业发展趋势、职业岗位对知识能力的要求、相应的职业资格、学生就业去向等，从宏观上把握行业、企业的人才需求等。通过调查整理表明，高职会计专业从事的会计职业岗位主要为出纳、会计、财务管理和审计。

在确定会计职业岗位群的基础上，结合前期的社会调研，我们针对每个职业岗位的典型工作任务展开分析。出纳岗位的典型工作任务包括现金收付的核算、银行存款的收付核算、现金、银行存款日记账的登记、库存现金和有价证券的保管、有关印章的保管、往来结算业务的办理、企业备用金的管理等；会计典型工作任务较多，包括资金业务的会计处理、材料物资的核算、固定资产的核算、无形资产的核算、工资薪酬的核算、成本管理基础工作处理、往来款项结算业务的处理、公司税务的缴纳、查对、复核等；财务管理岗位典型工作任务有财务分析、财务预测和财务预算、筹资管理、投资管理等。审计岗位典型工作任务有签订审计业务约定书、确定审计重要性水平和审计风险、编制审计计划和对内控系统开展符合性测试、实质性测试等。

将上述会计岗位典型工作任务汇总并按一定原则归类为 10 个行动领域，并形成与之相对应的学习领域，分别为资金收支处理、结算往来业务的处理、财产物资管理与使用、成本核算与分析、会计业务电算化处理、税收核算与申报、财务成果的形成与分配、总账报表的登记与编制分析、审计业务的核算与处理以及财务管理与分析，为下一步工作过程导向课程体系的构建打下基础。

在以上工作的基础上，我们打破传统学科型课程体系，针对实际工作体系重构课程体系。新的基于工作过程导向的课程体系分为五个模块：综合素质模块、职业基础知识模块、职业能力模块、职业素养模块、其他教学环节。

1. 综合素质模块

（1）着重培养学生正确的思想政治观念，热爱祖国，拥护党的基本路线，掌握马列主义、毛泽东思想和中国特色社会主义理论体系的基本原理，德、智、体、美劳等全面发展。

（2）具有敬业精神、创新精神和较强的实践能力、良好的职业道德和健全的体魄。

（3）具有良好的沟通与协作能力、信息处理能力、解决问题能力等职业必备素质和能力。

本课程模块主要针对学生职业素质和职业能力的需求，着重培养学生正确的思想政治观念、良好的职业道德和品质，良好的沟通与协作能力、信息处理能力、解决问题能力等职业必备素质和能力。综合素质模块主要涉及思想政治素质类、语言类、信息技术类、身心发展类、国防教育类、职业指导类、公共技能综合训练七类课程，具体情况见表 2。

表 2　职业素质模块课程一览表

课程类别	课程名称
思想政治类课程	毛泽东思想和中国特色社会主义理论体系概论
	思想道德修养与法律基础
	形势与政策
语言文化类课程	基础英语
	综合英语
	应用英语
	职业英语
	大学语文
信息技术类课程	办公软件应用基础
	计算机文化基础
身心发展类课程	大学体育
	大学生心理素质教育
国防教育类	军事、军事训练
职业指导类课程	职业生涯与发展规划
公共技能综合训练类课程	公共技能训练

2. 职业基础知识模块（见表3）

（1）掌握出纳工作守则的基本要求和票据、现金、银行存款和外汇等日常业务核算和管理的基本知识。

（2）掌握工商企业、金融企业的资产、负债、所有者权益、收入、费用和利润的会计核算方法及会计报表的编制方法。

（3）掌握会计法、税法、票据法等相关财经法规的基础知识；掌握会计人员职业道德的基本要求。

（4）掌握企业的盈利能力、资产管理能力、偿债能力、发展能力和社会贡献能力的基本分析方法。

（5）掌握企业项目投资决策、证券投资决策、资产管理、资金筹集和收益分配的基本方法；掌握货币时间价值、风险价值和资金成本等的计算方法。

（6）掌握材料费用、人工费用、辅助生产费用和制造费用等费用的归集和分配方法；掌握生产费用在完工产品和在产品之间分配方法；掌握分批法、品种法和分步法等核算方法。

（7）掌握办理税务登记事务的基础知识；掌握增值税、营业税、企业所得税、个人所得税等税的计算方法和纳税申报程序。

（8）掌握审计的基本知识；掌握各个审计循环的符合性测试和各个报表项目的实质性测试的审计方法。

（9）掌握会计电算化的初始化及总账、固定资产、工资、应收和应付账款等模块的基本操作方法。

（10）掌握金融、理财、计算机日常操作和互联网运用的基础知识，以及基础英语和专业英语等与本专业岗位相关的基本知识。

表 3　职业基础知识模块课程一览表

课程类别	课程名称	备注
基础理论类	商务数学	
	经济学	
	基础会计	
	管理学原理	
	应用统计	
	财政与税收	

注：如果该门课程为专业核心课程在"备注"标出"核心"。

3. 职业能力模块（见表 4）

（1）具备开具各类票据、正确处理各类货币资金的日常业务和准确登记账簿的能力。

（2）具备识别原始凭证、填制记账凭证、登记账簿、期末对账和报表编制及分析的能力。

（3）具备运用财务管理的基本方法进行投资、筹资、分配决策和编制财务预算、实施财务控制的能力。

（4）具备运用信用分析方法对客户信用能力和风险水平进行评估的能力。

（5）具备选择恰当的成本核算方法进行产品成本核算、成本控制和成本管理的能力。

（6）具备领购和使用各类发票、填制涉税文书、进行网上纳税申报的能力。

（7）具备运用各种审计方法，拟定审计方案、实施审计程序和撰写审计报告的能力。

（8）具备利用会计电算化软件建立账务应用环境和选择与运用财务专用模块进行账务处理的能力。

（9）具备一定的阅读和翻译专业英文资料及听、说、写的能力。

表4　职业能力模块课程一览表

课程类别	课程名称	备注
理论类课程	马克思主义哲学原理	拓展类
理实一体类课程	财务会计	核心
	成本会计	
	纳税会计	核心
	财务管理	核心
	会计信息系统应用	核心
	管理会计	
	政府与事业单位会计	
	审计实务	核心
	公共关系实务	
	经济法	
	金融实务	
	证券与投资	
	市场营销	
	银行会计	
	国际金融	
	经济应用文写作	
实践类课程	会计实务	
	会计综合实训	
综合实践类课程	会计基本技能实训	
	ERP 沙盘模拟经营	
	会计岗位综合实训	
	毕业实习	
	毕业设计	

注：如果该门课程为专业核心课程在"备注"标出"核心"。

4. 职业素养模块（见表5）

（1）具有良好的人际交往能力和团队合作精神。

（2）具有严格执行会计、财务相关法律法规的态度。

（3）具有诚实守信、公私分明的职业道德。

（4）具有不断学习新知识、接受新事物的进取精神。

（5）具有高度的工作责任心和认真仔细的工作态度。

（6）具有主动、热情和耐心的服务意识。

表5 职业素养模块课程一览表

序号	课程名称
1	职业认知与职业操守
2	商务礼仪与沟通技巧
3	国际贸易
4	财经法规与职业道德
5	人文精神与人文修养

5. 其他教学环节（见表6）

本模块主要包括入学教育、毕业教育、社会实践、毕业实习、毕业设计等内容，具体如下：

表6 其他教学环节一览表

序号	课程名称	学时	学分
1	入学教育	30/1 周	
2	毕业教育	30/1 周	
3	社会实践	60/2 周	2

（三）学分、学时一览表（见表 7）

表 7　学时、学分一览表

课程模块	学分	总学时	理论课程学时	实践课程学时	占总学时比例（%）
综合素质模块	40	710	346	364	25.39
职业基础知识模块	95	1898	544	1354	67.88
职业能力模块					
职业素养模块	8	128	64	64	4.58
其它教学环节	2	60		60	2.15
总计	145	2796	954	1842	100.00
占总学时的比例（%）			34.12	65.88	100.00

（四）教学进程安排

以递进式职业能力培养为主线，遵循学生认知规律和职业能力培养规律，按照从简单到复杂的先行后续关系，科学安排课程顺序。第 1 学期和第 2 学期突出学生职业基本素质教育，主要以综合素质课程、职业基础课程和公共技能训练为主。第 3 学期和第 4 学期以职业基础、职业能力、职业素养、专业技能训练课程为主。第 5 学期和第 6 学期以职业技能综合训练、顶岗实习课程为主。

附录 2　新闻采编与制作专业（影视制作）课程体系设计（2011 版）

一、职业岗位群分析

目前，本专业对应的职业岗位（群）主要是：各级各类影视制作单位、广告制作单位、电视台等从事摄影、摄像和后期编辑合成等技能型工作，其岗位为摄影摄像师、剪辑师；各级各类网络公司从事网络视频和流媒体的拍摄、剪辑等技能型工作，其岗位为摄像师、摄影助理、剪辑师；各级基层企事业单位、社区等宣传部门从事文化宣传工作，其岗位为文化宣传员和社区工作者。

本专业所对应的主要就业岗位、典型工作任务及能力和素质要求见表 1。

表 1　职业岗位分析表

工作岗位（群）	典型工作任务	能力和素质要求
影视公司、广告公司、网络公司、电视台以及基层单位为从事摄影、摄像工作，其岗位为：摄像师、摄影助理	摄影岗位工作任务是协助摄影师做好拍摄工作；新闻与及各片种的拍摄工作	熟练掌握数字摄影、摄像机的操作与使用的能力；摄影摄像用光与构图的能力；摄影记录能力；观察能力；影像思维能力

续表

工作岗位（群）	典型工作任务	能力和素质要求
影视公司、广告公司、网络公司、电视台以及基层单位，从事影视剪辑工作，其岗位为剪辑师	影视剪辑工作任务：新闻、广告、电视剧及其它片种的剪辑；影视后期合成工作任务；影视后期合成（片头、片尾制作、声画合成及包装）	熟练操作与使用编辑软件的能力；良好的剪辑技术和构图以及镜头语言的把握能力；视听语言的思维能力；图像文字记载、表述和说明的能力；文字能力
企事业单位宣传人员	新闻采写；平面媒体编辑；网络媒体编辑；电视节目制作	具备新闻采写的基本能力；熟悉并掌握影视制作的全部流程，独立制作电视节目能力；报纸编辑及采写能力；网络媒体编辑能力；良好的沟通与协同作业的能力

二、课程体系设计

（一）课程体系构建思路

新闻采编与制作（影视制作）专业通过连续几年的专业调研，明确了专业对应的就业岗位及岗位能力和素质要求，按照影视制作流程以及典型工作岗位所需的职业技能和素质，结合文科高等职业教育的特色，本专业开发了课程体系。归纳概括为：重视影视制作流程，突出音视频编辑技能。

（1）从培养"全人"的角度，将课程分为素养课和业务课。为了培养可持续发展的全面的影视技能型人才，本专业的课程体系从课程类别上分为业务课和素养课。素养类课程着重于学生的文化素养和影视素养。业务课着力培养学生针对主要就业岗位的全面技能的培养。

（2）以制作流程安排课程体系，注重培养学生的影视制作全面技能。

在岗位业务课里，按照职业基础模块、职业能力模块两大块设置课程，其中囊括了影视制作流程中典型环节的重要业务课程，包括策划文案、摄影摄像、剪辑合成等部分，最后设置了小学期、毕业设计、毕业实习等综合训练环节。

（3）突出音视频编辑技能。在重视影视制作流程的前提下，结合专业调研获得的本专业的主要就业岗位及目前市场急缺的影视人才需求——剪辑合成人员，本专业课程体系强调了音视频编辑技能。将音频制作和视频制作分别作为编辑技能的两大模块，对应着：视频制作开设了非线性编辑技术（Premier、AE、Final Cut）、影视特效动画合成、三维建模制作、三维动画制作等课程；音频制作开设了影视声音构成、录音技术应用、影视后期声音制作等。

（4）按照实用片种安排相应课程。落实到每一门课程，要求教师们在讲授的时候针对不同片种进行讲授，如电视新闻、电视纪录片、电视专题片、广告、MV 等。而影视节目创作训练、新媒体视听节目创作训练则是针对不同片种进行的综合训练。

（5）合理安排理论、理实一体、实践类课程。按照职业教育的基本规律，本专业课程在第一学期侧重安排理论课程，为学生今后的制作打下理论基础，训练影视思维能力；第二学期侧重于基础技术课程的学习，包括相关软件的使用等；第三学期安排创作训练，按照剧组工作制，由教师带领学生进行综合训练。

围绕核心技能，安排与就业岗位相关的拓展类课程。除了安排核心技能对应的课程，本专业为了培养学生今后进入岗位能够很快适应影视制作领域中的编导、摄影摄像、录音、特效等岗位的工作，课程专门设置了素质拓展模块，对应以上岗位安排了相应的课程，学生可以根据各自兴趣，适当进行选修。

（二）课程体系基本架构

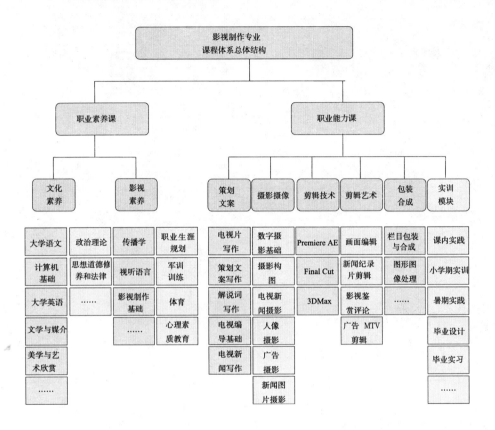

1. 综合素质模块

本课程模块主要针对学生职业素质和职业能力的需求，着重培养学生正确的思想政治观念、良好的职业道德和品质，良好的沟通与协作能力、信息处理能力、解决问题能力等职业必备素质和能力。主要涉及思想政治素质类、语言类、信息技术类、身心发展类、国防教育类、职业指导类、公共技能综合训练七类课程，具体情况见表2。

表2　职业素质模块课程一览表

课程类别	课程名称
思想政治类课程	毛泽东思想和中国特色社会主义理论体系概论
	思想道德修养与法律基础
	形势与政策
语言文化类课程	基础英语
	综合英语
	应用英语
	职业英语
	大学语文
信息技术类课程	办公软件应用基础
	计算机文化基础
身心发展类课程	大学体育
	大学生心理素质教育
国防教育类	军事、军事训练
职业指导类课程	职业生涯与发展规划
公共技能综合训练类课程	公共技能训练

2. 职业基础模块

职业基础模块（见表3）开设的目的是为职业技能的学习提供必要的基础知识，对于影视制作专业来说，主要是影视传播基础知识、视听语言基础知识、影视制作基础以及新闻采写基础知识。

表3　职业基础模块课程一览表

序号	课程名称	备注
1	影视传播学	
2	视听语言	

续表

序号	课程名称	备注
3	影视鉴赏与评论	
4	影视制作基础	
5	新闻采访与写作	
6	电视编导基础	
7	电视美术	
8	电视节目策划	

注：如果该门课程为专业核心课程在"备注"标出"核心"

3. 职业能力模块

职业能力模块（见表 4）对应的是本职业的核心技能，包括摄影摄像、声音处理、后期编辑、特效合成、综合训练模块等，通过该模块的学习使同学们具备影视制作职业的核心能力，胜任该岗位的工作。

该模块中摄影摄像和后期编辑是影视制作行业核心技能，主要承担着摄影摄像能力、剪辑能力、特效合成能力的培养，与职业基础能力相匹配，使学生具备影视制作前期策划、中期拍摄、后期剪辑合成全流程的综合制作能力。

表 4 职业能力模块课程一览表

课程类别	课程名称	备注
策划文案	电视片写作	
摄影摄像	摄影技术基础	
	电视摄像 *	核心
	图片摄影	
	纪实摄影	

续表

课程类别	课程名称	备注
声音处理	录音技术学	
	影视声音艺术	
后期编辑	电视编辑 *	核心
	非线性编辑技术（Premiere）	
	非线性编辑技术（AE）	
	非线性编辑技术（Final Cut）	
特效合成	三维模型制作	
	三维动画制作	
	影视动画案例解析	
	影视特效动画合成	
	图像处理与制作（photoshop）	
综合训练	影视节目创作训练	
	新媒体视听节目创作训练	
拓展技能	电视照明技术	
	广播电视法规实务	
	美术基础	

注：如果该门课程为专业核心课程在"备注"标出"核心"

4. 职业素养模块

本课程模块（见表5）主要针对学生职业素质和职业能力的需求，着重培养学生正确的思想政治观念、良好的职业道德和品质，以及沟通与协作能力、信息处理能力、解决问题能力等职业必备素质和能力。具体涉及以下三类课程：①培养学生正确的思想道德、政治、法制观念、社会责任感的思想政治理论课程；②培养学生语言应用能力和信息处理能力所需要的基本知识；③有益于学生的身心健康发展和职业发展的基础知识。

表 5　职业素养模块课程一览表

序号	课程名称
1	中外文学经典
2	虚拟演播室技术
3	世界电影史
4	电视新闻摄像

5. 其它教学环节

本模块主要包括入学教育、毕业教育、社会实践等内容，具体见表6。

表 6　其它教学环节一览表

序号	课程名称	学时	学分
1	入学教育	30/1 周	
2	毕业教育	30/1 周	
3	社会实践	60/2 周	2

（三）学分、学时一览表（见表7）

表 7　学分、学时一览表

课程模块	学分	总学时	理论学时	实践学时	占总学时比例（%）
综合素质模块	40	710	346	364	25.39
职业基础知识模块	95	1866	536	1330	67.51
职业能力模块					
职业素养模块	8	128	128	0	4.63
其它教学环节	2	60	0	60	2.17
总计	145	2764	1010	1754	100
占总学时的比例（%）			36.54	63.46	

注：1. 总学分为 145，总学时 2796，其中，实践总学时不低于总学时的 50%。

2. 集中实践课程 1020 学时，占总学时的 36.48%。

包括：实训学期 12 学分，360 学时；毕业实习、毕业设计 18 学分，540 学时；社会实践 2 学分，60 学时；军事训练 2 学分，60 学时。

3. 专业必修课：137 学分，2668 学时，占总学时的 95.42%

选修课：8 学分，128 学时，占总学时的 4.57%

（四）教学进程安排

以递进式职业能力培养为主线，遵循学生认知规律和职业能力培养规律，按照从简单到复杂的先行后续关系，科学安排课程顺序。第 1、2 学期突出学生职业基本素质教育，主要以综合素质课程、职业基础课程和公共技能训练为主。第 3、4 学期以职业基础、职业能力、职业素养、专业技能训练课程为主。第 5、6 学期以职业技能综合训练、顶岗实习课程为主。

附录3　法律事务专业课程体系设计（2016版）

一、职业岗位（群）分析

1. 主要就业岗位分析（见表1）

初始岗位群和发展岗位群——可以从事的主要职业岗位、相近的职业岗位以及在获得一定工作经验后可以升迁的职业岗位及预计平均获得的时间。

主要职业岗位及升迁职业岗位：公司企业法务助理（毕业时）→公司企业法务（毕业5年左右）→法务部主管（总监）（毕业10年后左右）。

公司企业行政助理、人力资源助理、办公室主任助理、销售团队助理（毕业时）→行政专员、人力资源专员、销售团队专员（毕业5年左右）→行政主管、人力资源主管、销售团队主管→行政总监、人力资源总监、办公室主任、销售总监（毕业10年后左右）。

相近岗位是在巩固利用既有的就业岗位群基础上，开发新的就业岗位群。包括：律师助理、公证员助理、知识产权调查员助理（毕业时）→律师、公证员、知识产权调查员（毕业5年后左右）。

基层街道、乡镇、社区法律服务工作者（毕业时）→基层街道、乡镇、社区资深法律工作者如人民陪审员、人民调解员、司法辅助人员等（毕业5年后左右）。

表 1 职业岗位群分析

岗位（群）	典型工作任务	能力和素质要求
公司企业法务助理	公司企业法务部门日常法律基础服务或法务秘书工作、合同审阅、劳动纠纷处理等工作辅助	分析、解决日常法律事务能力；运用各种纠纷解决机制谋求纠纷适当解决的能力；动态法律信息的收集与分析能力；法律专业能力（具有合理实用的法律知识结构、熟悉我国法律和政策）
公司企业行政助理、人力资源助理、办公室主任助理、销售团队助理	公司企业各岗位团队基本法律问题咨询、合同草拟等	分析、解决日常法律事务能力；运用各种纠纷解决机制谋求纠纷适当解决的能力；动态法律信息的收集与分析能力；法律专业能力（具有合理实用的法律知识结构、熟悉我国法律和政策）
律师助理、公证员助理、知识产权调查员助理（与法检方向应统一）	律师事务所、公证处、知识产权事务所等法律资料信息整理、法律文书撰写、证据收集等各种辅助性的工作	良好的语言表达能力、沟通能力和倾听能力；动态法律信息的收集与分析能力；法律专业能力（具有合理实用的法律知识结构、熟悉我国法律和政策）
基层（街道、乡镇、社区）法律服务人员	解答当事人提出的各种法律问题、调解各种民间纠纷、普法宣传、撰写各种法律文书	运用各种纠纷解决机制谋求纠纷适当解决的能力；法律专业能力（具有合理实用的法律知识结构、熟悉我国法律和政策）；分析、解决日常法律事务能力；普法宣传的能力；撰写法律文书的能力

2. 人才培养目标

本专业方向培养具有良好的政治素质和职业道德，具有合理实用的法律知识结构，熟悉我国法律和政策，熟练掌握法律技能、办公事务处理技能，熟练运用计算机，具备较强法律事务处理能力、行政事务处理能力、公文写作能力、语言表达能力、信息处理能力、沟通协调能力，从事公司企业法务助理、公司企业行政助理、人力资源助理、办公室主任助理、销售团队助理、律师助理、公证员助理、知识产权专员助理等法律辅助工作的高素质、技能型法律辅助人才。

3. 人才培养规格

首先，知识结构良好

（1）具备一定的法律基础知识。具体而言，包括：法理学、宪法等法学基本理论知识。

（2）适用的实体法律知识。具体而言，包括：民法、刑法、行政法、婚姻法、继承法、劳动与社会保障法、商法、经济法、知识产权法、物权法、合同法、劳动合同法、房地产法、公司法等。

（3）适用的程序法律知识。具体而言，包括：民事诉讼法、刑事诉讼法、行政诉讼法、行政复议法、仲裁法等。

（4）具有文化素质的基础知识。如英语的读说听写的一般知识，计算机应用的知识，大学的语文知识等。

其次，能力结构扎实

（1）3种法律专业能力，包括：①法律事务处理能力，包括起草、撰写法律文书的能力，进行民事纠纷调解的能力，综合运用纠纷解决机制的能力，处理日常法律事务的能力。②法律信息检索处理能力。③进行法律宣讲的能力。

（2）1种实用综合职业技能，即办公事务处理技能，独立操作计算机，熟练操作各种办公自动化软件，处理收发各种函电、邮件，熟练运用各类办公自动化设备，为相关岗位提供准确、快速的文字速录。通过国家或有关部门的相应考试，取得国家有关主管部门颁发的速录员、速录师证书等。

（3）处理常规事务的基本职业能力，包括：行政事务处理能力，语言表达能力与协调沟通能力，逻辑思维能力，应变能力，常用办公软件的操作能力，合作能力，公文写作能力等。

最后，素质结构全面

（1）法律素养，即具有扎实的法律基础知识、较强的法律实践能力、正确的法律意识和法律价值观、严谨的法律思维。

（2）良好的政治素养和职业道德。良好的政治素养，即政治过硬、德、智、体、美全面发展。良好的职业道德，即具备符合所从事职业岗位所要求的职业道德，包括忠诚、敬业、勤勉、谨慎、公正、廉洁等。

（3）通用素养，包括英语和计算机应用素养，写作素养，良好的亲合力和沟通表达能力以及良好的团队合作精神、一定的创新精神和创新意识。

二、课程体系设计

（一）课程体系建设思路

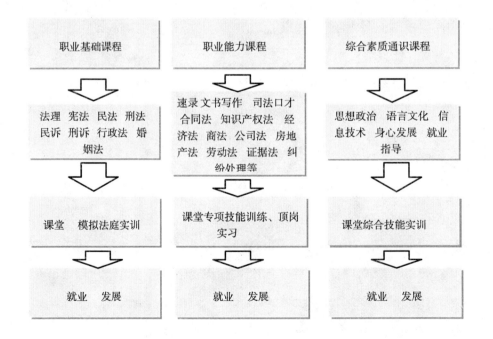

（二）课程类别

1. 综合素质课程

本课程模块（见表 2）主要针对学生职业素质和职业能力的需求，着重培养学生正确的思想政治观念、良好的职业道德和品质，良好的沟通与协作能力、信息处理能力、解决问题能力等职业必备素质和能力。主要涉及思想政治素质类、语言类、信息技术类、身心发展类、国防教育类、职业指导类六类课程。

表 2　综合素质模块课程一览表

课程类别	课程名称
思想政治类课程	毛泽东思想和中国特色社会主义理论体系概论
	思想道德修养与法律基础
	形势与政策
语言文化类课程	基础英语
	综合英语
	应用英语
	职业英语
	大学语文
信息技术类课程	办公软件应用基础
	计算机文化基础
身心发展类课程	大学体育
	大学生心理素质教育
国防教育类	军事、军事训练
职业指导类课程	职业生涯与发展规划
公共技能综合训练类课程	公共技能训练

2. 职业基础课程

职业基础课程模块（见表3）旨在为学生提供基础的法学知识、培养学生基本的法律素养，使学生具备扎实的法律基础知识、较强的法律实践能力、正确的法律意识和法律价值观、严谨的法律思维。课程包括宪法原理与实务、法律原理与技术、行政法与行政诉讼法原理与实务、民法原理与实务、刑法原理与实务、民事诉讼法原理与实务、刑事诉讼法原理与实务、实用法律文书写作。

表3　职业基础模块课程一览表

1	宪法原理与实务	
2	法律原理与技术	
3	行政法与行政诉讼法原理与实务	
4	民法原理与实务	
5	刑法原理与实务	
6	民事诉讼法原理与实务	
7	刑事诉讼法原理与实务	
8	实用法律文书写作	核心

注：如果该门课程为专业核心课程在"备注"标出"核心"。

3. 职业能力课程

职业能力课程模块（见表4）旨在培养学生的法律职业能力、法律实践技能与速录实用技能。课程包括中文速录（基础）、中文速录（提高）、婚姻家庭继承法原理与实务、司法口才技能训练、合同法原理与实务、公司法原理与实务、劳动与社会保障法原理与实务、知识产权法原理与实务、经济法原理与实务、房地产法原理与实务、商法原理与实务、民事纠纷处理实务、公证与律师制度和证据运用实务。

表 4　职业能力模块课程一览表

课程类别	课程名称	备注
速录技能训练	中文速录(基础)	
	中文速录(提高)	
法律职业能力训练	司法口才技能训练	
	证据运用实务	
	书记员工作实务	
法律实践技能训练	、婚姻家庭继承法原理与实务	
	合同法原理与实务	
	公司法原理与实务	核心
	劳动和社会保障法原理与实务	
	知识产权法原理与实务	
	经济法原理与实务	
	公司法原理与实务	
	房地产法原理与实务	
	商法原理与实务	
	民事纠纷处理实务	
	公证与律师制度	

注：如果该门课程为专业核心课程在"备注"标出"核心"

4. 综合实践课程

综合实践课程模块(见表 5)架起了学生在校学习与未来社会就业之间的桥梁,为实现知识到能力的转变提供了演练场,着重培养学生良好的职业道德和品质,良好的沟通与协作能力、信息处理能力、解决问题能力等职业必备素质和能力。课程包括速录技能训练、刑事模拟法庭综合实训、民事模拟法庭综合实训、顶岗实习、毕业实习和毕业设计等环节。

表5　综合实践模块课程一览表

序号	课程名称	备注
1	速录技能训练	
2	刑事模拟法庭综合实训	
3	民事模拟法庭综合实训	
4	顶岗实习	
5	毕业实习	
6	毕业设计	

5. 通识教育课程(由学院统一编写)

(三)学分、学时一览表(见表6)

表6　学分、学时一览表

课程类别	学分	学时	理论学时	实践学时	占总学时百分比
综合素质	37	592	324	268	22.6%
职业基础	32	512	284	228	19.5
职业能力	36	576	254	322	22%
综合实践	34	816	0	816	31.3%
通识教育	8	128	64	64	4.9%
合计	147	2624	926	1698	100%
理论教学学时/总学时				926/2624	35.3%
实践教学学时(课内+综合实践)/总学时				1698/2624	64.7%

附录 4　文秘(行政专员)专业课程体系设计方案(2016 版)

一、职业岗位(群)分析

1. 主要岗位分析(见表 1)

初始岗位群:前台秘书,办公室文员,行政专员;商务助理,人事专员,客服专员等。

发展岗位群:办公室主任,行政主管,行政经理,行政总监;总经理助理,人力资源总监,项目经理等。

两个岗位群的对接,平均预计需要 2~5 年的工作时间。其中前台秘书到办公室文员对接时间比较短,一般需要半年至 1 年。

表 1　职业岗位(群)分析

岗位(群)		典型工作任务	能力和素质要求
初级岗位	1. 前台秘书、办公室文员、行政专员	1. 接打办公电话 2. 接待来访人员 3. 维护办公环境 4. 管理办公文件	能力要求: 1. 能使用英语进行简单交流 2. 熟悉日常事务管理规范 3. 熟悉档案管理规范 4. 熟练使用办公设备 5. 信息搜集与处理能力 素质要求: 1. 善于沟通协调 2. 做事认真仔细 3. 具有良好的气质修养

续表

岗位(群)		典型工作任务	能力和素质要求
初级岗位	2. 商务助理	1. 商务接待 2. 商务谈判准备 3. 商务谈判善后 4. 商务差旅管理	熟练使用英语进行交流、信息搜集与处理能力、熟悉日常事务处理规范、恰当进行企业外事活动的组织。
	3. 人事专员	1. 日常考勤 2. 档案管理 3. 文件处理 4. 面试安排	人力资源管理业务能力、沟通能力、文案起草及档案管理。
	4. 客服专员	1. 接打电话 2. 前台接待	办公软件使用能力、良好沟通能力
			素质要求: 善于沟通协调、做事认真仔细负责
中高级岗位	1. 行政主管,行政经理,行政总监	制定计划 控制预算 管理物资 编订制度 行政管理 组织会议 策划活动 推广企业文化	能力要求: 1. 团队管理能力 2. 具备良好的公司构架和战略规划能力 3. 具备良好的团队协作精神及较强的判断与决策能力、组织及公关能力 4. 具备出色的分析解决问题能力、逻辑思维能力及洞察力,擅长梳理各部门工作流转配合关系 素质要求: 诚实正直、善于沟通协调、做事认真仔细负责
	2. 总经理助理	1. 处理公文 2. 组织会议 3. 策划与活动 4. 商务参谋	能力要求: 具备很强的计划性和实施执行的能力;具备良好的人际交往能力、组织协调能力、沟通能力以及解决复杂问题的能力 素质要求: 有良好的职业操守,强烈的责任心和事业心,以及正直与诚实的美德;有全局意识,拥有很强的学习能力、适应能力,具有吃苦和创业精神
	3. 人力资源总监	1. 制定人力资源战略和规划 2. 完善人力资源管理体系 3. 设计适用人力资源管理模式 4. 完善人力资源管理制度	

2. 人才培养目标

本专业立足北京，面向现代服务业，培养拥护党的基本路线，德、智、体、美等全面发展，具有良好的思想政治素质、语言表达能力、信息处理能力、沟通协调能力；掌握使用现代办公技术、掌握秘书工作等专业必备知识，具备较强的行政事务处理能力、沟通协调等专业能力；具有较强的创新能力，服务于辅助社会群团基层管理、公司商务管理等领域的高素质技能人才。

3. 培养规格

文法系文秘（行政专员）专业对于人才培养有着系统全面的规划，主要分为"知识结构""能力结构""职业结构"三个大的模块。这三个模块采用从基础到实践的逐层递进方式展开，环环相扣、由浅入深，可以更好地培养文秘（行政专员）专业学生专业素质和专业技能。具体三个模块中的课程设置如下。

（1）知识结构。为了适应现代办公要求，文秘（行政专员）专业必须具备秘书专业应具有的相关专业知识，具体包括日常交往礼仪知识，特别是商务礼仪知识；档案管理相关知识；应用文拟写与办理知识；与秘书工作相关的法律知识、财务知识。

（2）能力结构。文秘（行政专员）专业的学生在今后的社会求职中，应该具有的职业能力还应该包括：英语应用能力，具有较强的语言理解、阅读、写作能力，沟通与协调能力，文件及档案的管理能力，会议组织与活动策划能力，办公室日常事务的处理能力，信息的搜集、整理、编辑与管理，办公设备及办公软件的应用能力等。

（3）素质结构。作为文秘（行政专员）专业的学生，应秉持高度的职业认同感，并具有高水平的职业素质，具体包括较好的政治素质和道德素质，较高的文化修养和气质；能够忠诚于领导，具有较强的保密意识和负责心；做事细心周到、有耐心，具备良好的身体素质和心理素质。

二、课程体系设计

(一) 课程体系构建思路

　　文秘专业由于就业岗位面宽,所以各校的文秘专业培养目标各有不同。这就使得文秘专业的培养目标既有一般目标,又有体现特点的最终目标。文秘专业一般的培养目标是,培养政治素质高、沟通能力强,熟悉秘书工作基本工作规范,掌握现代办公技术的复合型人才。而文秘(行政专员)专业确定的培养目标强调的是,具有良好的气质修养、较强的自主学习能力。在长期调研中,我们发现,由于秘书往往代表企业的形象,所以用人单位往往更愿意选用具良好的形象气质的毕业生。另外,秘书是一个综合性很强的工作,它要求掌握多种专业知识与技能,如财务、法律、管理等知识,摄影、摄像与办公相关的软件应用(如 Photoshop、Excel、PowerPoint)等技能。这些技能仅靠上课有限的的教学时间是难以深入或熟练掌握的,而且现代社会发展变化很快,对技能的要求也不断在变化。因此,只有学生必须有较强的自主学习能力,才能有较强的就业优势和发展潜力。于是,我们将培养的目标定为培养良好的气质修养和较强的自主学习能力。文秘人才不是单纯的技能型人才,其工作水平与人的素质有密切关系。因此,在教学过程中,我们注意理论课的教学落实到技能上,技能课的教学拓展到素质上。例如,文学课的作业,学生可以选择用 PPT 配合对一首诗或文的鉴赏,可以选择用手机拍连环照片表达对一首诗文的理解,可以选择拍摄剪辑一个专题片,可以选择编辑一部作品集等。办公软件的应用,摄影、摄像、信息编辑的能力,都是文秘专业人才应该掌握的技能。而像《秘书礼仪》《会议组织与活动策划》《秘书管理沟通实务》等专业技能课,又都与文化底蕴有密切关系,所以在技能训练的过程中,还应注意引导学生对文化素质的培养。

在人文素质培养方面,我们一方面不断给学生开设讲座,拓展学生的视野,组织同学进行经典阅读、影视鉴赏、形体或舞蹈训练等课外活动;另一方面,还组织摄影、书法等竞赛,力争使每一个学生找到自己的兴趣点、发展点,在比较轻松愉快的气氛中提高人文素质。

文秘(行政专员)专业除了加强以上专业素质与技能外,还特别重视本专业学生的英语听说读写能力。本专业学生除了学习学院开设的公共英语课程外,还专门学习"秘书英语口语"等专业课程,以使让学生在已有基础上,能提高英语的各项能力,掌握英语办公能力,为学生今后的就业奠定基础。

(二)课程体系基本架构(见表 2)

表 2　课程体系基本架构

课程模块	课程类别	课程名称	学分	计划学时
职业基础模块	专业平台课程	秘书学导论	2	32
		档案管理*	3	48
		秘书公共关系实务	3	48
		人力资源管理	2	32
		古代文学作品选读	3	48
		现当代文学作品选读	2	32
		外国文学作品选读	3	48
		秘书礼仪	2	32
		中外文化概论	2	32
		书法概论与练习	3	48
		秘书英语口语	2	32
		秘书语言学	2	32
		秘书法律实务	4	64

续表

课程模块	课程类别	课程名称	学分	计划学时
职业基础模块	专业方向课程	会计电算化	2	32
		会计基础	2	32
		企业行政管理实务	2	32
职业能力模块	文书拟写能力	应用文写作(一)*	2	32
		应用文写作(二)*	2	32
		应用文写作(三)*	2	32
	文字录入技能	中文速录(一)	2	32
		中文速录(二)	2	32
	表达沟通能力	秘书管理沟通实务*	3	48
	办公事务处理能力	办公室实务*	3	48
		会议组织与活动策划*	3	48
		秘书综合实训*	4	64
	职业拓展技能	摄影摄像	2	32
		图形图像处理	3	48
		市场营销	3	48
综合实践模块	通用技能训练	中文速录综合训练	3	72
	专项技能训练	形体礼仪训练	3	72
		中华茶艺训练	3	72
	综合技能训练	办公实训	3	72
	其他实践环节	毕业实习	9	216
		毕业设计	9	216
		社会实践	2	48
		军事训练	2	48
		入学教育		
		毕业教育		

(三)课程类别

1. 综合素质课程

本课程模块(见表 3)主要针对学生职业素质和职业能力的需求,着重培养学生正确的思想政治观念、良好的职业道德和品质,良好的沟通与协作能力、信息处理能力、解决问题能力等职业必备素质和能力。本课程主要涉及思想政治素质类、语言文化类、信息技术类、身心发展类、国防教育类、职业指导类六类课程。

表 3　综合素质模块课程一览表

课程类别	课程名称
思想政治类课程	毛泽东思想和中国特色社会主义理论体系概论
	思想道德修养与法律基础
	形势与政策
语言文化类课程	基础英语
	综合英语
	应用英语
	职业英语
	大学语文
信息技术类课程	办公软件应用基础
	计算机文化基础
身心发展类课程	大学体育
	大学生心理素质教育
国防教育类	军事、军事训练
职业指导类课程	职业生涯与发展规划
公共技能综合训练类课程	公共技能训练

2. 职业基础课程

本课程模块(见表4)主要针对文秘岗位的职业基础需求而开设的,使学生掌握文秘岗位的基本专业知识。主要包括专业平台类课程和专业方向课程两大类。

表4 职业基础课程

课程类别	课程名称	备注
专业平台课程	秘书学导论	
	档案管理	核心
	秘书公共关系实务	
	人力资源管理	
	古代文学作品选读	
	现当代文学作品选读	
	外国文学作品选读	
	秘书礼仪	
	中外文化概论	
	书法概论与练习	
	秘书英语口语	
	会计电算化	
	秘书法律实务	
专业方向课程	会计基础	
	秘书语言学	
	企业行政管理实务	

3. 职业能力课程

本课程模块(见表5)主要针对文秘岗位的职业能力需求而开设的,培养文秘(行政专员)专业学生具备文秘岗位任职的职业能力。本课程模块主要包括文书拟写能力、文字录入技能、表达沟通能力、办公事务能力、职业拓展等能力养成类的课程。

表 5　职业能力课程

序号	课程名称	备注
1	应用文写作(一)(二)(三)*	
2	中文速录(一)(二)*	
3	秘书管理沟通实务 *	
4	市场营销	
5	办公室实务 *	
6	会议组织与活动策划 *	
7	秘书综合实训 *	
8	摄影和摄像	
9	图形和图像处理	

4. 综合实践课程

本课程模块(见表 6)是围绕秘书岗位工作内容设计的综合实践训练模块,旨在培养文秘(行政专员)专业学生的实践能力,主要包括通用技能训练、专项技能训练、综合技能训练和其他实践环节等个综合的实训项目。

表 6　综合实践课程

序号	课程名称	学时
1	中文速录综合训练	72
2	形体礼仪训练	3
3	中华茶艺训练	3
4	办公实训	3
5	毕业实习	9

续表

序号	课程名称	学时
6	毕业设计	9
7	社会实践	2
8	军事训练	2
9	入学教育	
10	毕业教育	

5. 通识教育课程(由学院统一编写)

(三)学分、学时一览表(见表7)

表7　学分、学时一览表

课程类别	学分	学时	理论学时	实践学时	占总学时百分比(%)
综合素质	35	560	292	268	21.3
职业基础	39	624	312	312	23.8
职业能力	31	496	200	296	18.9
综合实践	34	816	0	816	31.1
通识教育	8	128	64	64	4.9
合计	147	2624	868	1756	100
理论教学学时/总学时				868/2624	
实践教学学时(课内+综合实践)/总学时				1756/2624	

参考文献

车永侠,原和平,2011.高职会计电算化专业课程体系建设研究[J].现代商贸工业(17).

陈和,2009.基于职业能力培养的文秘专业课程体系重构[J].职业技术教育(26).

陈会丽,2007.农业高职院校课程设置及改革的问题研究[J].河北师范大学学报.

陈亮,张立鹏,2014.基于能力本位的文秘专业课程设置和教学模式创新探析[J].中国成人教育(13).

陈玲霞,谢明生,2009.基于项目驱动的高职院校文秘专业课程设置研究[J].长春教育学院学报(15).

崔秀敏,2008.构建以职业能力为本位的高职课程体系[J].中国成人教育(1).

戴波,刘建东,纪文刚,韩占生,刘红琳,2014.基于实现矩阵的课程体系及课程教学改革控制模型构建[J].高等工程教育研究(1).

邓洵,2010.我国高等职业教育课程体系构建研究——基于工作过程的分析[D].西安:西北大学.

董琳,2013.高职文秘专业嵌入工作过程的课程体系的构建探索[J].教育教学论坛(38).

杜俊娟,2012.基于国家职业标准的应用型高校会计电算化专业课程体系构建[J].财会教育(6).

冯恩大,2007.高职专业技能课的模块式教学改革——以新闻采编与制作专业为例[J].工会论坛(7).

符静,2011.基于工作过程的会计电算化专业课程体系初探[J].辽宁高职学报(13).

符琼芝,2015.基于职业技能大赛的高职文秘专业课程设置研究[J].昆明冶金高等专科学校学报(4).

高有华,2003.美国职业教育课程体系及其启示[J].职业技术教育(10).

郭秀敏,孙艳丽,2010,基于职业能力培养的高职法律文秘专业课程体系重构与实践[J].北京工业职业技术学院学报(10).

侯丽萍,2007.高职高专会计电算化专业课程体系的构建[J].会计之友(10).

胡弼成,2004.高等学校课程体系现代化研究[D].厦门:厦门大学.

胡弼成,2007.高等学校课程体系的三种形态及其设计[J].大学教育科学(1).

胡燕燕,2005.浅谈高职课程体系构建原则[J].中国职业技术教育(1).

胡振文,2009.基于CEC-CDIO模式高职课程体系的构建与实施[J].职业技术教育(1).

胡振文,李辉,陈风平,2009.基于CEC-CDIO模式高职课程体系的构建与实施[J].职业技术(1).

胡忠青,2010."三段式"模式下新闻采编与制作专业课程体系的整合与创新[J].郧阳师范高等专科学校学报(4).

黄爱华,2012.高职文秘专业课程体系项目化探析[J].职教通讯(12).

姜大源,2007.当代德国职业教育主流教学思想研究:理论、实践与创新[M].北京:清华大学出版社.

姜大源,2009.论高等职业教育课程的系统化设计——关于工作过程系统化课程开发的解读[J].中国高教研究(4).

姜大源,2010.论高职教育工作过程系统化课程开发[J].徐州建筑职业技术学院学报(3).

蒋志宏,2012.高职法律事务专业课程体系之重构——以广东科学技术职业学院法律事务专业为例[J].长春理工大学学报(2).

雷鸣,2013.基于"五模块课程体系"的高职文秘专业教学改革[J].郑州牧业工程高等专科学校学报(5).

李松青,2007.高职会计专业课程体系设置的思考与探索[J].中国职业技术教育(11).

李文,2009.高职会计电算化专业以就业为导向重构课程体系[J].中国成人教育(15).

李振汕,2009.国内外高职课程体系模式的比较研究[J].广西政法管理干部学院学报(1).

李作章,2011.澳大利亚大学与高职"立交桥"的构建及对我国的启示[J].中国职业技术教育(30).

廖克玲,2007.试论高职院校市场导向下的示范性专业建设方略[J].辽宁教育研究(9).

林苏,2006."学做合一"高职课程体系的构建[J].中国高等教育(2).

刘合群,2004.职业教育学[M].广州:广东高等教育出版社.

刘洪海,2012.课证赛融合机制下会计专业课程体系优化研究[J].经济研究导刊(33).

刘菊,2015.基于职业标准的高职市场营销专业课程体系构建与实践研究[J].科教导刊(31).

刘英杰,1993.中国教育大事典 1949—1990(下)[M].杭州:浙江教育出版社.

罗尧成,2005.对我国研究生教育课程体系改革的思考——基于调查问卷统计结果分析的建议[J].高等教育研究(11).

麻锐,2016.以就业为导向的高职法律事务专业课程改革[J].科技展望(13).

马莉萍,2012.高职会计电算化专业课程体系的构建[J].财会教育(5).

毛艳丽,康海彦,2015.基于应用型人才培养模式的水文与水资源工程专业课程体系整体优化探析——以河南城建学院水文与水资源工程专业为例[J].城市建筑(21).

缪宁陵,宋建军,2004.国外高职人才培养模式的比较[J].职教论坛(12).

潘懋元,董立平,2009.关于高等学校分类、定位、特色发展的探讨[J].教育研究(2).

庞明秀,2009.文秘专业课程"基于工作过程"教学模式的探索[J].教育与职业(14).

彭慧芳,戴远威,2005.美国职业教育的课程设置的特点与启示[J].淮南职业技术学院学报(2).

荣瑾,2013.对澳大利亚职业教育"培训包"和高职课程改革的思考[J].天津职业院校联合学报(4).

石兰东,袁畅,2007.按会计岗位群构建模块化会计课程[J].消费导刊(8).

孙兵,2009.基于 BAG 分析法的高职课程体系建设研究[J].教育与职业(2).

孙飞,2011.高等职业教育课程体系构建研究——以植物保护专业为例[D].咸阳:西北农业科技大学.

唐树伶,2009.以能力为核心的高职课程体系的构建[J].中国成人教育(15).

王敏杰,2006.高职文秘专业的课程体系与设置[J].苏州职业大学学报(2).

王鹏,2010.基于 CEC-PBL 人才培养模式的情景导游课程设计[J].石家庄铁路职业技术学院学报(3).

王前新,2006.论高职课程体系改革的原则与模式取向[J].教育与职业(32).

王学军,2007.澳大利亚职业教育的特点和启示[J].中国成人教育(9).

王艳伟,张巍,2009.高职文秘专业课程体系模块化探索与实践[J].科技信息(32).

王毅,刘志宏,2008.高职教育课程体系构建的探讨与实践[J].职教探索(3).

文勇,2014.基于工作过程导向的高职会计电算化专业课程体系的构建[J].财会教育(2).

吴会敏,2009.基于工作过程的高职课程体系构建研究[J].技术与市场(6).

辛涛,姜宇,王烨辉,2014.基于学生核心素养的课程体系建构[J].北京师范大学学报(社会科学版)(1).

徐可晶,2008.湖南省高职院校新闻采编与制作专业课程体系改革研究[D].长沙:湖南师范大学.

许宪国,2013."双证"教育与高职文秘专业课程体系有机衔接研究[J].合作经济与科技(6).

许怡斌,2013."2 +1、合格 + 特长"人才培养模式下文秘专业课程体系改革的研究与实践[J].黑龙江教育学院学报(5).

薛璐,2015.从就业能力看法律事务专业课程的设置——以南宁学院为例[J].吉林省教育教学学报,(11).

杨艾,2013.会计专业岗课证赛融合的人才培养模式探索[J].教育与职业(33).

杨晶尧,2015.基于国家职业标准的应用型高校会计电算化专业课程体系构建[J].产业与科技论坛(11).

杨荣祥,2010.职业教育课程体系建设与研究[J].学术理论(10).

杨雪霁,朱宏斌,2012.英国职业教育课程模式的研究与启示[J].陕西教育(4).

于传璋,冯伟国,2002.英国职业教育改革的成功"产品"——BTEC 课程[J].上海商业职业技术学院学报(3).

俞瑞钊,高振强,2007.以就业为导向的高职课程体系构建之实践与探索[J].中国高教研究(5).

张春,2011.高职院校会计专业岗位化课程体系和教学内容改革研究[J].财会通讯. 综合(2).

张芙蓉,2012.就业导向下法律事务专业课程体系改革研究[J].法制与社会(12).

张亚枝,李玉红,2015.基于"岗课证赛融合"的高职会计电算化专业课程设置优化研究[J].中国乡镇企业会计(5).

赵瑞娟,2013.基于核心能力的会计电算化专业课程体系设计与实践[J].科学大众(1).

郑全军,肖友荣,刘景祥,2012.高职会计专业"工作过程系统化"课程体系开发研究[J].湖南工业职业技术学院学报(2).

周建松,2014.高等职业教育人才培养目标下的课程体系建设[J].教育研究(10).

周珊红,2014.基于学生职业发展的高职文秘人才培养课程设置思考[J].教育教学论坛(6).

朱元军,2011.高校秘书专业课程设置模块化新探[J].黑龙江史志(22).

朱志云,2013.从职业技能竞赛看文秘专业课程体系的优化设计[J].泰州职业技术学院学报(2).

禚宝斌,2010.高职文秘专业基于工作过程系统化课程体系的构建[J].科技信息(28).

后　记

对于课程体系设计的研究长久以来一直是围绕自己所教授的几门课程在进行的，主要是对课程内容的整合和教学方式的调整，借鉴他人经验和多媒体技术手段，提升学生对课程的关注度和接受度；从实践和职业的角度进行教学改革。但是对基于某一专业或者某一教育类别的整体性的全局的课程体系设计研究是缺乏的，也是甚少涉足的。

在参与北京青年政治学院市级示范校建设的过程中，负责课程建设的组织工作，这一经历使得我对于课程体系设计研究有了宏观的认识。随着我国职业教育工作的蓬勃开展，众多职业院校的职业教育理念和课程改革工作逐步由理论走向实践。在北京高等学校教育教学改革项目申报过程中，在北京青年政治学院教务处老师的支持下，才有了本书的撰写。

现在自己又最后一次校对了书稿，深觉惭愧。自己思考和研究了多年的这个主题，由于成书匆匆，在思路整理、结构安排、文字表达方面都有着太多的遗憾。本书的诸多不足请专家和读者多予批评指正 。虽然留在本书中的缺失与遗憾暂难补救，好在对职业教育的研究绝无止境，今后，我将努力写出更令读者满意的课程体系设计研究著作以弥补今日的缺憾。

最后，我要感谢我的朋友们，感谢知识产权出版社给予了大力的支持和帮助，感谢于晓菲女士、刘晓庆女士为本书的出版所付出的辛勤劳动，甚至为本书的编校放弃了节日期间的休息。她们的支持为本书的完成和出版提供了重要的条件，我谨向她们表示诚挚的谢意！

此外，我还要感谢课题组全体成员的，特别是张红琴、黄添水老师的辛勤工作，感谢同事丁桂莲、黄昕、许莲丽的分享，感谢文法系系主任刘金霞教授的无私帮助，更多的感谢是对学院教务处处长李兰巧研究员和教务处同仁肖毅先生、曾红女士的，没有他们的鼎力支持和不断催促，在这个炎热和忙乱的夏季，我是不可能将写作本书的愿望变成现实的。

李 勤

2016 年 7 月 1 日